ORTOGRAFÍA
BÁSICA

sm

primaria

TERCER CICLO

ÍNDICE

IV. REGLAS DE PALABRAS

V. APÉNDICE DE CONJUGACIÓN

JUEGO DE LA OCA ORTOGRÁFICA

Proyecto didáctico: Equipo de Educación Primaria de Ediciones SM
Autoría: Margarita España
Revisión pedagógica y coordinación editorial: Elsa Aguiar y Paloma Jover
Ilustración: Antonia Santolalla
Diseño de interiores: Lucía Santos
Diseño de cubierta: Alfonso Ruano y César Escolar
Dirección editorial: M.ª José Sanz

Todas las actividades propuestas en este libro deberán realizarse en el cuaderno de trabajo, nunca en el propio libro.

ISBN: 84-348-5733-2 / Impreso en España - *Printed in Spain*
Depósito Legal: M-15.947-2002 / Huertas Industrias Gráficas, S.A. Fuenlabrada (Madrid)

Reglas de ortografía

En esta ficha aprenderás en qué consiste la ortografía de la lengua española, y qué tipos de reglas de ortografía hay.

Para aprender

- **¿Qué enseña la ortografía?**

  La ortografía enseña a escribir correctamente. Hay reglas de ortografía relacionadas con la acentuación, con las letras, con la puntuación y con las palabras.

- **Las reglas de acentuación**

  Hay dos tipos de sílabas: **sílaba tónica** y **sílaba átona**. La sílaba tónica es la sílaba que se pronuncia con mayor fuerza. La sílaba átona es la sílaba que se pronuncia con menos fuerza. Generalmente las palabras tienen una sílaba tónica. Ejemplos: *te-**lé**-fo-no, a-**mi**-go, co-**lor***.

  Las reglas de acentuación explican cuándo hay que colocar tilde sobre la sílaba tónica de una palabra.

- **Las reglas de letras**

  Las reglas de letras dicen con qué letra (*h, b, v, g, j, s, x, ll, y...*) hay que escribir ciertas palabras.

- **Las reglas de puntuación**

  Las reglas de puntuación explican los signos que hay que usar para reflejar la entonación y las pausas.

  Los **signos de puntuación** son: el punto [.], el punto y coma [;], los dos puntos [:], la coma [,], los signos de interrogación [¿?] y de exclamación [¡!], el guión [-], la raya [–], las comillas [“ ”] y los paréntesis [( )].

- **Las reglas de palabras**

  Las reglas de palabras nos enseñan a distinguir algunas palabras que son parecidas (por ejemplo: *por que, porqué, por qué, porque; haya, aya, halla...*), y a saber cuándo debemos utilizar cada una.

Ejercicios

1. Separa estas palabras en sílabas y rodea con un círculo la sílaba tónica (la sílaba que se pronuncia más fuerte).

- jugar
- pintor
- teléfono
- luna
- lámpara
- ordenador
- eclipse
- banco
- lunático
- elefante
- ventana
- español

2. Escribe cada signo de puntuación con su nombre.

;	Signos de interrogación
“ ”	Punto
¡!	Paréntesis
.	Coma
( )	Punto y coma
¿?	Signos de exclamación
,	Comillas

3. Ordena en el cuadro estas reglas de la ortografía española según el grupo al que pertenezcan.

- Los signos de interrogación (¿?) indican dónde empieza y dónde acaba una pregunta.
- Las palabras esdrújulas siempre llevan tilde.
- Se escriben con *h* las palabras que empiezan por *hie-*, *hue-*.
- En general, los monosílabos no llevan tilde.
- Se escriben con *g* las palabras que terminan en *-gen.*
- La coma se emplea para separar los elementos de una enumeración.

Reglas de acentuación	Reglas de letras	Reglas de puntuación

Mayúsculas

Tajo, Rodríguez, Europa, Carmen... *En todas estas palabras la primera letra es mayúscula. En esta ficha aprenderás cuándo debes escribir una palabra con letra inicial mayúscula.*

Para aprender

- **¿Qué palabras se escriben con letra inicial mayúscula?**

  ✔ La primera palabra de un texto.

  ✔ La primera palabra que va después de un punto.

  ✔ La primera palabra que va después de los dos puntos del encabezamiento de una carta.

  ✔ Los nombres propios y apellidos de personas. Ejemplos: *Almudena García, Jorge Muñoz.*

  ✔ Los nombres de ciudades y países, pero no los nombres de las personas que proceden de esos lugares. Ejemplos: *Valencia,* pero: *valenciano.*

  ✔ Los nombres de montañas, ríos, mares. Ejemplos: *Pirineos, Duero, Mediterráneo.*

  ✔ Los puntos cardinales se escriben con minúscula, pero sus abreviaturas se escriben con mayúscula. Ejemplos: norte *(N), sur (S), este (E), oeste (O).*

ATENCIÓN

- Los días de la semana, los meses y las estaciones del año se escriben con minúscula. Ejemplos: *lunes, enero, invierno.*
- Las mayúsculas llevan tilde si lo piden las reglas generales de acentuación.

¡Recuerda!

Estas palabras **siempre** llevan letra inicial mayúscula:

Ángel	Francia
Chinchón	López
Picos de Europa	Duero

Estas palabras **nunca** llevan letra inicial mayúscula:

francés	marzo
norte	miércoles
invierno	sur

Ejercicios

1. Clasifica estos sustantivos propios y añade dos palabras más a cada grupo.

- Daniel
- Sierra Morena
- Murcia
- Álvarez
- Italia
- Hidalgo
- Guadiana
- Cartagena

Nombres y apellidos de persona ▷ ______

Nombres de ríos, mares y montañas ▷ ______

Nombres de ciudades y países ▷ ______

2. Completa esta canción popular con los nombres de los meses del año.

Uno de ______, dos de ______,
tres de ______, cuatro de ______,
cinco de ______, seis de ______,
siete de ______, San Fermín.

A Pamplona hemos de ir,
con una media, con una media;
a Pamplona hemos de ir,
con una media y un calcetín.

3. Resuelve este crucigrama con palabras que se escriben con letra inicial mayúscula.

1. M a d r i d
2. ☐☐☐☐☐☐☐☐
3. ☐☐☐☐☐☐☐☐☐☐
4. ☐☐☐☐☐☐☐
5. ☐
6. ☐☐☐☐☐☐☐☐
7. ☐☐☐☐☐☐
8. ☐☐☐☐
9. ☐☐☐☐☐

1. Capital de España.
2. País donde se habla alemán.
3. Antiguo país de Europa, su capital era Belgrado.
4. País de los uruguayos.
5. Abreviatura de sur.
6. Archipiélago de C ______ .
7. Picos en los que nace el Duero.
8. Castilla y L ______ .
9. Montañas al norte de Italia.

Dictado

Lee este dictado y fíjate en las palabras marcadas:

Cáceres, 15 de septiembre

Querida prima:

Ayer estuve con **Tomás**, mi mejor amigo. **Le** enseñé las fotos de nuestro verano en **Almería**. **La** que más le ha gustado es la de toda la pandilla en el **Cabo de Gata**: **Carla**, **Óscar**, **Jaime**, **Luisa**, tu perro **Trasgo** y nosotros. ¿**Te** acuerdas?

Te mando una foto de todos mis compañeros de clase.

Hasta pronto.

Ángel

Reglas de acentuación

Palabras agudas

Reloj, cartón, pastel, compás... *En todas estas palabras la sílaba tónica es la última, pero unas llevan tilde y otras no. En esta ficha aprenderás a distinguir las palabras agudas y cuándo ponerles tilde.*

Para aprender

- **¿Cuáles son las palabras agudas?**
Las palabras agudas son aquellas en las que la sílaba tónica es la última. Ejemplos: *pa-**red***, *rin-**cón***, *can-**tar***, *ru-**bí***.

- **¿Cuándo llevan tilde las palabras agudas?**
Las palabras agudas llevan tilde cuando acaban en **vocal**, en ***-n*** o en ***-s***. Ejemplos:

Terminadas en vocal →	***café**, **así***
Terminadas en ***-n*** →	***perdón**, **salón***
Terminadas en ***-s*** →	***escocés**, **detrás***

ATENCIÓN

- En general, los monosílabos no se acentúan.

¡Recuerda!

Estas palabras agudas **siempre** llevan tilde:

también	después
adiós	demás
quizás	está (de *estar*)

Estas palabras agudas **nunca** llevan tilde:

bien	pues
fue	fui
dio	vio

Ejercicios

1. **Rodea con un círculo la sílaba tónica de estas palabras y señala las que son agudas.**

- Tomás
- pájaro
- libélula
- rotulador
- Perú
- barco
- volumen
- tostador
- tejado
- cristal
- montón
- tronco

■ **Haz una oración con las palabras que has señalado.**

2. **Clasifica estas palabras agudas en el cuadro y explica por qué llevan tilde o no.**

- Canadá
- jamás
- balcón
- busqué
- holandés
- animal
- salud
- calor
- huracán

Terminan en vocal	Terminan en *-n*	Terminan en *-s*	Terminan en consonante distinta de *-n* y *-s*

3. **Ordena las letras de estas palabras agudas. Para ayudarte está escrita la primera letra de cada palabra. No olvides poner la tilde cuando sea necesario.**

TRASA	ATRÁS	ESPUDES	D
RAGANA	G	SIA	A
SAREU	U	SAERLD	S

Dictado

Lee este dictado y fíjate en las palabras marcadas:

Andrés se **levantó** ayer un poco tarde. Se **vistió** y **desayunó** a toda prisa, y **salió** corriendo de casa para no llegar tarde al colegio. Poco **después** de que dieran las nueve **llegó** a la puerta del colegio y **vio** que estaba cerrada. Pero la mayor sorpresa se la **llevó** cuando **miró** su **reloj** y se **dio** cuenta de que era sábado. ¡Menudo despiste!

Palabras llanas

Árbol, césped, casa, azúcar... *En todas estas palabras la sílaba tónica es la penúltima, pero unas llevan tilde y otras no. En esta ficha aprenderás a distinguir las palabras llanas y cuándo ponerles tilde.*

Para aprender

- **¿Cuáles son las palabras llanas?**

Las palabras llanas son aquellas en las que la sílaba tónica es la penúltima. Ejemplos: ***á**-gil, vo-**lu**-men, ca-**mi**-no, **ga**-fas.*

- **¿Cuándo llevan tilde las palabras llanas?**

Las palabras llanas llevan tilde cuando acaban en consonante distinta de ***-n*** y de ***-s***. Ejemplos:

Terminadas en consonante distinta de *-n* y *-s*	→ *automóvil, huésped*

Fíjate en qué casos **no** llevan tilde las palabras llanas:

Terminadas en vocal	→ *loro, luna*
Terminadas en *-n*	→ *imagen, examen*
Terminadas en *-s*	→ *hojas, gafas*

¡Recuerda!

Estas palabras llanas **siempre** llevan tilde:

fútbol, difícil, lápiz, álbum, carácter, tórax

Estas palabras llanas **nunca** llevan tilde:

examen, volumen, joven, gratis, gente, amigo

Ejercicios

1. Busca en estas oraciones al menos diez palabras llanas y explica por qué llevan o no llevan tilde.

- Ayer celebré mi santo tomando chocolate con mis amigos Óscar y Ana.
- Con este lápiz es muy fácil dibujar, no pesa nada.
- Félix tiene mucho carácter, siempre se sale con la suya.
- A mi vecino le han puesto una multa porque se saltó un semáforo en ámbar.

2. Pon tilde a los siguientes apellidos que la necesiten.

- Perez
- Muñoz
- Moreno
- Sanchez
- Ibañez
- Pardo
- Gutierrez
- Villar

3. Forma ocho palabras llanas uniendo las sílabas de los pétalos de esta margarita. No olvides poner tilde cuando sea necesario.

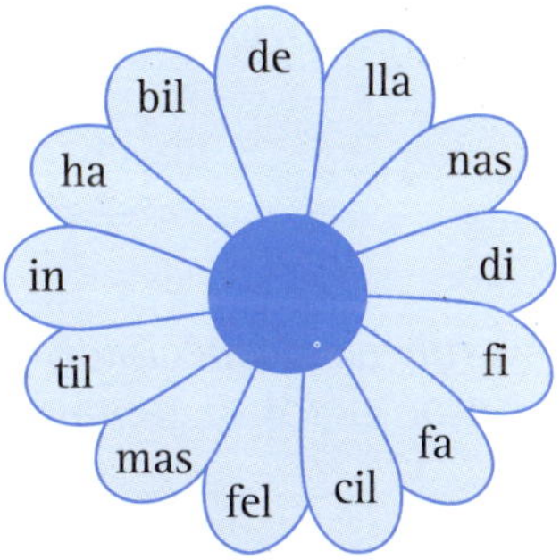

Dictado

Lee este dictado y fíjate en las palabras marcadas:

A mi amigo **Félix** le gusta coleccionar cosas raras. En un **álbum** guarda un **lápiz** que no pinta, una ramita de un **árbol**, un libro con las letras de **almíbar** y un paraguas que sirve para regar las plantas. ¿Y sabéis qué mascota tiene? ¡Un loro con el que sale a pasear por las mañanas! Todos dicen que tiene un **carácter** muy especial. ¡Lo último que ha encontrado ha sido un **trébol** de cuatro hojas al que se le ha caído una!

Palabras esdrújulas y sobresdrújulas

América, plátano, hipopótamo, víbora... *En todas estas palabras la sílaba tónica es la antepenúltima. En esta ficha aprenderás a distinguir las palabras esdrújulas y las palabras sobresdrújulas y cuándo ponerles tilde.*

Para aprender

- **¿Cuáles son las palabras esdrújulas?**

  Las palabras esdrújulas son aquellas en las que la sílaba tónica es la antepenúltima. Ejemplos: ***jó**-ve-nes, **hú**-me-do, le-**jí**-si-mos.*

- **¿Cuáles son las palabras sobresdrújulas?**

  Las palabras sobresdrújulas son aquellas en las que la sílaba tónica es la sílaba anterior a la antepenúltima. Ejemplos: *a-**cér**-ca-me-lo, **mán**-da-se-los, **có**-me-te-la.*

- **¿Cuándo llevan tilde las palabras esdrújulas y sobresdrújulas?**

  Las palabras esdrújulas y sobresdrújulas llevan **siempre** tilde. Ejemplos: ***público**, **búscatelo***

ATENCIÓN

- Las palabras *rubéola, espécimen* y *regímenes* son esdrújulas. Por tanto, siempre llevan tilde.

¡Recuerda!

Estas palabras son esdrújulas y por tanto **siempre** llevan tilde.

último	película
muchísimo	sábado
dámelo	página

Estas palabras **no** son esdrújulas.

caracteres	intervalo
consola	ojalá
persona	concreto

Ejercicios

1. Escribe una oración con cada una de las siguientes palabras. Observa que el significado es diferente según cuál sea la sílaba tónica.

- celebré
- celebre
- célebre
- habitó
- habito
- hábito
- practicó
- practico
- práctico

2. Escribe el plural de las siguientes palabras. No olvides ponerles tilde si la necesitan.

- examen
- volumen
- polen
- joven
- ángel
- lápiz

3. Busca en la sopa de letras tres palabras agudas, tres palabras llanas y tres palabras esdrújulas. Ponles tilde cuando sea necesario.

A	R	E	L	A	M	P	A	G	O
G	S	I	C	I	P	R	E	S	E
U	S	C	G	R	A	T	I	S	S
I	L	T	E	J	U	F	W	A	L
L	U	W	P	A	P	E	L	M	O
A	H	B	F	O	S	I	L	I	G
Z	H	U	M	E	D	O	G	T	A
Q	T	A	X	R	E	L	E	O	N

Dictado

Lee este dictado y fíjate en las palabras marcadas:

El estanque del parque está siempre lleno de **pájaros exóticos**. **Álvaro** va casi todas las tardes a verlos. Le gusta ver cómo se zambullen en el agua y salen rápidamente **sacudiéndose** las alas. Se ponen **contentísimos** cuando les echa migas de pan y no paran de cantar. El **sábado** pasado llevó una grabadora con **micrófono** y les grabó mientras cantaban. Después, en el recreo, todos oímos la cinta. Era un sonido **fantástico**. Parecía un concierto de **música clásica**.

Diptongos y triptongos

Viento, adecuáis... *En estas palabras dos o tres vocales se pronuncian en la misma sílaba, pero unas llevan tilde y otras no. En esta ficha aprenderás a distinguir un diptongo y un triptongo y a ponerles tilde.*

Para aprender

- **Dos clases de vocales**
  Las vocales pueden ser **cerradas** *i, u* o **abiertas** *a, e, o*.
- **¿Qué es un diptongo?**
  Un diptongo es la unión de dos vocales que se pronuncian en la misma sílaba. Una de las vocales debe ser cerrada i, u y la otra puede ser cerrada o abierta a, e, o. Ejemplos: ***cie***-*lo*, ***ai***-*re*, ***vio***-*le-ta*, ***rui***-*do*, ***mau***-*lli-do*, *in-ge-**nuo***.
- **¿Qué es un triptongo?**
  Un triptongo es la unión de tres vocales que se pronuncian en la misma sílaba. La vocal central es siempre abierta *a, e, o* y las otras dos cerradas *i, u*. Ejemplo: *pronun**ciéis***.
- **¿Cuándo llevan tilde los diptongos y los triptongos?**
  Los diptongos y los triptongos llevan tilde según las reglas generales de acentuación. Ejemplos: *can**ción***, *Ma**nuel*** (agudas), ***cuen**tas*, ***hués**ped* (llanas), *a**cuá**tico*, *farma**céu**tico* (esdrújulas).

ATENCIÓN

- En los diptongos formados por vocal abierta y vocal cerrada la tilde va en la vocal abierta. Ejemplos: *a**diós***, *mur**cié**lago*.
- En los diptongos formados por vocal cerrada y vocal cerrada la tilde va en la segunda vocal. Ejemplo: ***cuí**date*.
- Los triptongos llevan la tilde en la vocal abierta. Ejemplos: *averi**guáis***, *estu**diáis***.

¡Recuerda!

Estas palabras con diptongo **siempre** llevan tilde:

también	Sebastián
después	puntapié

Estas palabras con diptongo **nunca** llevan tilde:

fue	dio
fui	vio

Ejercicios

1. **Separa en sílabas estas palabras y rodea con un círculo los diptongos y con un cuadrado los triptongos.**

- abuela
- refugiéis
- hiena
- puente
- camión
- columpio
- iniciáis
- ciempiés

■ Indica al lado de cada diptongo y de cada triptongo qué tipo de vocales lo forman. Ejemplo:

a-bue-la diptongo *ue*: vocal cerrada + vocal abierta.

2. **Separa estas palabras en sílabas y clasifícalas en agudas, llanas y esdrújulas. Pon la tilde a las que lo necesiten.**

- murcielago
- caminais
- eleccion
- tuerto
- decision
- suerte

3. **Completa el crucigrama con palabras que tengan diptongo. Después colorea las casillas con las vocales que forman el diptongo.**

1. Lugar donde vive mucha gente.
2. Pasado del verbo *ver*.
3. Los usas para andar.
4. Lugar donde se juega al fútbol.
5. Mes anterior a agosto.
6. Lo contrario de mal.
7. Animal ciego que vuela por las noches.
8. Día presente.

1. □□□D□□
2. □I□
3. P□□□
4. □□T□□□□
5. □□□□O
6. □□□N
7. □□□□□□□□G□
8. □O□

Dictado

Lee este dictado y fíjate en las palabras marcadas:

En la **sección** de "Sucesos" del **periódico** de hoy había esta noticia: Un **astronauta** despistado se ha **extraviado** y le ha comunicado a la torre de control: "**¡Atención!** Mi nave **espacial** ha perdido el rumbo y acabo de aterrizar en un planeta sin nombre. El paisaje es todo blanco. **¿Podéis** averiguar dónde estoy?". **Después** de una laboriosa **investigación,** los **científicos** han llegado a la **conclusión** de que se encuentra en el Polo Norte. ¡Vaya **desilusión**!

Hiatos

País, grúa, canoa, cruel... *En todas estas palabras hay dos vocales juntas que se pronuncian en sílabas diferentes, pero unas llevan tilde y otras no. En esta ficha aprenderás a distinguir un hiato y cuándo ponerle tilde.*

Para aprender

- **¿Qué es un hiato?**

  Un hiato es la unión de dos vocales que se pronuncian en sílabas diferentes. Ejemplos: ***ra-íz, dú-o***.

- **¿Qué tipos de hiato existen?**

  Existen dos tipos de hiatos:

  ✔ Hiatos formados por dos vocales abiertas *a, e, o*. Ejemplos: ***ca-o**-ba, hé-**ro-e***.

  ✔ Hiatos formados por una vocal abierta y una vocal cerrada *i, u*. Ejemplos: ***ba-úl**, Ma-**rí-a***.

- **¿Cuándo llevan tilde los hiatos?**

  Los hiatos llevan tilde cuando lo piden las reglas generales de acentuación. Ejemplos: ***le-ón**, gui-**ón*** (agudas); ***pi-a**-no, **va-ho*** (llanas); *á-**re-a**, ru-**bé-o**-la* (esdrújulas).

  Pero los hiatos formados por una vocal abierta y otra cerrada **siempre** llevan tilde, y esta se coloca sobre la vocal cerrada, aunque no lo pidan las reglas generales de acentuación. Ejemplos: ***mí-o**, re-**ír**, **ba-úl***.

ATENCIÓN

- La *h* intercalada no impide el hiato. Ejemplos: ***bú-ho**, **a-hí***.

¡Recuerda!

Estas palabras con hiato **siempre** llevan tilde:

había	frío
día	flúor
río	tío

Estas palabras con hiato **nunca** llevan tilde:

oasis	cohete
paella	vaho
habitual	recreo

Ejercicios

1. Copia estas palabras en tu cuaderno. Rodea con un círculo los diptongos y subraya los hiatos.

- aire
- ruido
- país
- huésped
- miedo
- león
- rocío
- baúl
- después
- poeta
- teatro
- cacatúa

2. Explica por qué llevan tilde estas palabras.

- maíz
- área
- prohíbo
- aéreo
- Raúl
- ahí
- héroe
- océano
- vídeo
- ría

3. Forma el mayor número de palabras posible con hiatos o con diptongos uniendo las sílabas de cada cubo. Acentúalas correctamente.

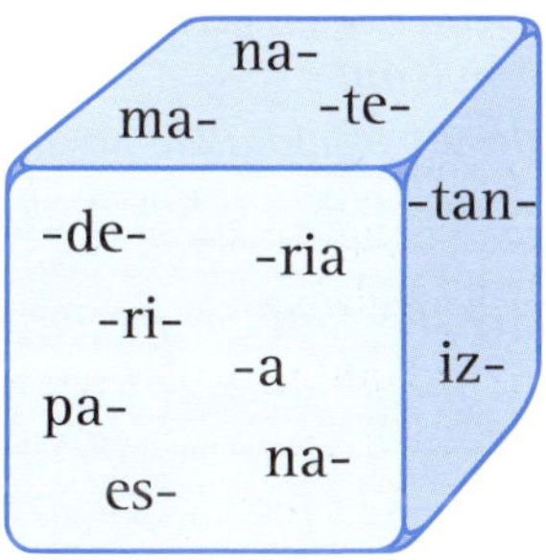

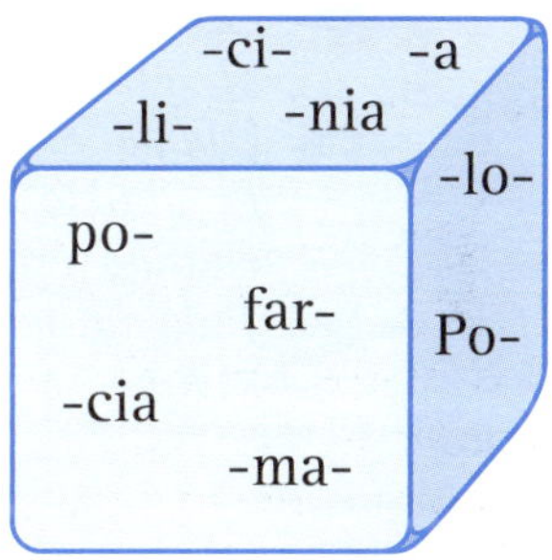

Dictado

Lee este dictado y fíjate en las palabras marcadas:

¿**Sabías** que si hubieras nacido en **Corea** no **tendrías** la misma edad? Este año ha llegado al colegio un chico **coreano**, se llama Soki. Cuando le hemos preguntado cuántos años **tenía** nos hemos quedado sorprendidos porque ha dicho que en su **país** tiene doce, pero que aquí tiene once. Nos ha explicado que allí los bebés, cuando nacen, ya tienen un año. Según eso, ¿tú cuántos años **tendrías** ahora?

Monosílabos

Él, mí, ti, el, mi... *Todas estas palabras tienen una sola sílaba, pero unas llevan tilde y otras no. En esta ficha aprenderás cuándo debes acentuar algunas palabras monosílabas.*

Para aprender

- **¿Cuándo llevan tilde los monosílabos?**

  En general, los monosílabos no se acentúan. Ejemplos: *pan, sol, bien, fue.*

  Sin embargo, algunos monosílabos llevan tilde para diferenciarse de otro monosílabo que se escribe igual, pero que tiene un significado diferente. Ejemplos:

mí	mi	→ *A **mí** me gusta mucho contar historias.* ***Mi** vecino va al colegio en bicicleta.*
sí	si	→ *Claro que **sí** puedes traer a tu perro a la fiesta.* ***Si** no vas a venir avísanos.*
dé	de	→ *Cuando alguien te **dé** un regalo, dale las gracias.* *El abuelo **de** Andrea siempre nos habla de cuando era joven.*
sé	se	→ *Todavía no **sé** nadar. ¿Por qué no me enseñas?* *¿Cómo **se** llama tu mejor amiga?*

ATENCIÓN

- El monosílabo ***ti*** nunca lleva tilde. Ejemplo: *Este regalo es para **ti**.*
- La conjunción ***o*** lleva tilde cuando va entre cifras. Ejemplo: *4 **ó** 5.*

¡Recuerda!

Estas son otras parejas de monosílabos que se diferencian por llevar o no llevar tilde:

tú / tu
él / el
té / te

Estas palabras monosílabas **nunca** llevan tilde:

ti	Dios
pie	fue
dio	vio

Ejercicios

1. Escribe estas oraciones completándolas con un monosílabo:

- Para la fiesta de disfraces, ___ puedes disfrazarte de astronauta y ___ puede hacer ___ planeta. A ___ me gustaría hacer de luna.
- ___ coche lo puede traer Miguel, ___ traes ___ avión y ___ traigo mi tren.
- Mi madre desayuna ___ con limón.
- ¿___ vienes con nosotros al zoo?

2. Escribe de nuevo estas oraciones con el monosílabo adecuado.

- En mí/mi casa, cuando necesitan que alguien dibuje algo, me llaman a mí/mi.
- Ya sé/se que ni tú/tu ni él/el sois capaces de gastar una broma tan pesada.
- Mi madre me dijo que sí/si me llevaba a mi primo Álvaro, sí/si podía ir al río.
- Últimamente he leído muchos libros dé/de Julio Verne.

3. Forma con las letras de estas cartas de la baraja diez monosílabos que nunca lleven tilde.

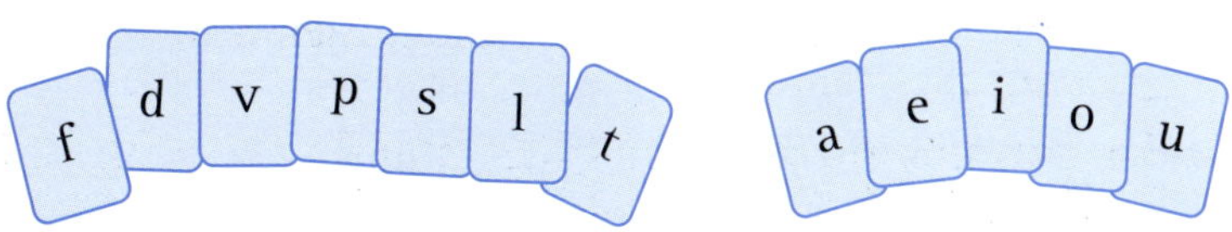

Dictado

Lee este dictado y fíjate en las palabras marcadas:

Querido Luis:

El próximo mes será **mi** cumpleaños y voy a organizar una fiesta. Me gustaría mucho que vinierais **tú** y **tu** hermano. **Sé** que nos lo vamos a pasar muy bien. Estarán todos mis compañeros **de** clase y nos inventaremos muchos juegos. ¿Qué **te** parece la idea? Espero que **sí** puedas venir. Hasta entonces.

Ana

Palabras interrogativas y exclamativas

Quién, quien... *Estas palabras son iguales, pero una lleva tilde y otra no. En esta ficha aprenderás cuándo debes poner la tilde en ciertas palabras.*

Para aprender

- **Acentuación de palabras interrogativas y exclamativas**

Las palabras interrogativas y exclamativas llevan **siempre** tilde para diferenciarse de las palabras que se escriben igual, pero no tienen significado interrogativo ni exclamativo. Ejemplos:

¡qué!, ¿qué?	que

*¿**Qué** haces? ¡**Qué** bien! Un disfraz.*
*Te echo de menos. Espero **que** vengas pronto.*

¡quién!, ¿quién?	quien

¿Quién te ha dicho que lo hice yo?
***Quien** no vea bien que se acerque.*

¡cuánto!, ¿cuánto?	cuanto

¿Cuánto te ha costado este libro?
Todo ***cuanto*** dice es exagerado.

¡dónde!, ¿dónde?	donde

¿Dónde están las llaves?
***Donde** vamos de vacaciones llueve mucho.*

¡cómo!, ¿cómo?	como

¿Cómo sabes tanto?
*Tu hermana es **como** tú.*

ATENCIÓN

- A veces, las palabras interrogativas y exclamativas no aparecen entre signos de interrogación y exclamación, pero sí llevan tilde. Ejemplo: *Dime **dónde** está la finca de tus tíos. No sabes **cuánto** me gusta el chocolate.* Este tipo de oraciones se llaman preguntas indirectas porque realizan la pregunta a través de un verbo (*decir, saber...*).

Ejercicios

1. Escribe estas oraciones con la forma correcta.

- ¿Cuándo/cuando fue la última vez que estuvimos en el circo?
- ¡Cuánto/cuanto te echo de menos!
- Este verano iremos, cómo/como todos los años, de vacaciones a Cantabria.
- ¿Quién/quien sabe cómo/como se juega a la gallina ciega?
- ¡Cómo/como me has hecho reír con ese chiste!
- Cuándo/cuando acabes esta novela, ¿qué/que libro vas a leer?

2. Escribe las preguntas que corresponden a estas respuestas.

- *¿Qué habéis ido a ver?* ➡ Hemos ido a ver los títeres.
- ______ ➡ Mi perro tiene dos años.
- ______ ➡ El nuevo profesor se llama Juan.
- ______ ➡ Pedro vendrá a comer mañana.
- ______ ➡ Andrés nació en Brasil.

3. Forma oraciones interrogativas y exclamativas uniendo las piezas del puzzle y escríbelas en tu cuaderno.

¡Qué	has ido de vaciones?
¿Cuánto	calor hace!
¿Quién	cuesta aprender a montar a caballo?
¿Dónde	vas vestido!
¡Cómo	ha leído *El gato Mikos*?

Dictado

Lee este dictado y fíjate en las palabras marcadas:

Como estaba previsto, el próximo sábado comienza la liga en la que se estrena el equipo de fútbol femenino de nuestro colegio. Hay una gran expectación. Nadie sabe **qué** estrategia utilizarán. ¿**Quiénes** formarán el equipo titular? ¿**Cuántos** goles conseguirán? ¿**Cómo** será el uniforme? No os perdáis el siguiente número de nuestra revista, **donde** relataremos todos los detalles de este gran acontecimiento.

Reglas de letras

Palabras con *h*

Cohete, hiedra, vaho, horchata... *Todas estas palabras se escriben con* h. *En esta ficha aprenderás algunas reglas útiles que te ayudarán a saber cuándo debes escribir una palabra con* h *inicial o con* h *intercalada.*

Para aprender

- **La letra *h***
  La letra *h* no se pronuncia, es muda. Ejemplo: ***h**ola* y *ola* se pronuncian igual.
  Cuando la letra *h* aparece en el interior de una palabra se llama ***h*** intercalada. Ejemplo: *bú**h**o.*
- **Algunas reglas útiles de la *h* inicial**
  - ✔ Se escriben con *h* inicial las palabras que empiezan por ***hie-*** y ***hue-***. Ejemplos: ***hie**rro,* ***hue**vo.*
  - ✔ Se escriben con *h* inicial todas las formas de los verbos ***haber, hacer, hallar, hablar*** y ***habitar***. Ejemplos: ***h**ay,* ***h**azlo,* ***h**allasteis,* ***h**ablemos,* ***h**abitan.*
- **Algunas reglas útiles de la *h* intercalada**
  - ✔ Se escriben con *h* intercalada las palabras que están compuestas por una palabra que se escribe con *h* inicial. Ejemplo: *in**h**umano* (***h**umano*).

ATENCIÓN

- Algunas palabras se escriben con *h* al final. Ejemplos: *¡a**h**!, ¡o**h**!, ¡e**h**!, ¡ba**h**!*

¡Recuerda!

Estas palabras **siempre** se escriben con *h*, pero no siguen ninguna regla:

ahí	hambre
hacia	hoy
hasta	ahora

Estas palabras **nunca** se escriben con *h*:

allí	iba
ir	echar
era	toalla

Ejercicios

1. Escribe en el cuadro cada forma verbal con su infinitivo.

- hicieron
- hablarían
- hallaré
- habría
- habrá
- halla
- hablaran
- hagamos

haber	hallar	hacer	hablar

2. Forma palabras con *h* intercalada y escríbelas en tu cuaderno.

DES +	hacer ➡	deshacer
	habitado ➡	
	hojar ➡	
	hora ➡	

MAL +	hablado ➡	
	humor ➡	
	herido ➡	
	hechor ➡	

3. Busca en la sopa de letras cinco nombres de animales que se escriben con *h*. Además hay un intruso: su nombre se escribe sin *h*.

H	I	P	O	P	O	T	A	M	O
T	B	U	H	O	K	T	U	Y	L
I	I	W	A	M	J	E	B	X	I
G	O	L	L	I	O	R	T	C	P
U	A	H	C	A	H	I	E	N	A
A	M	A	O	J	Ñ	A	I	E	I
N	A	L	N	O	H	T	A	G	T
A	H	O	R	M	I	G	A	K	O

Dictado

Lee este dictado y fíjate en las palabras marcadas:

Héctor se pasa **horas** en la **buhardilla** con su loro **Hipólito**. Dice que es un gran **hablador**, pero yo creo que exagera. **Hasta ahora** solo **ha** dicho: "¡**Hola**, **Hipólito**!", y así es como le saluda todas las mañanas. Cada vez que lo dice le da un premio, una **zanahoria** o unos **cacahuetes**, y el loro se pone muy contento. ¿Sabéis lo que le **ha** contestado **hoy**? "¡Muchas gracias, **Héctor**!"

Palabras homófonas con *h* y sin *h*

Hecho, echo... *Estas palabras se pronuncian igual, pero una se escribe con* h *y otra sin* h. *En esta ficha aprenderás algunas palabras homófonas con* h *y sin* h.

Para aprender

- **Palabras homófonas con *h* y sin *h***

  Las **palabras homófonas** son palabras que se pronuncian igual, pero se escriben de forma distinta y tienen significado diferente. Estas son algunas palabras homófonas con *h* y sin *h*:

hecho (de ***hacer***)	echo (de ***echar***)

*Cómo **has hecho** esta casa de madera?*
*¿**Echo** ya el tomate a la ensalada?*

habría (de ***haber***)	abría (de ***abrir***)

*Si lo supiera se lo **habría** dicho.*
*La puerta se atascó y no se **abría**.*

¡Hola! (saludo)	ola (del mar)

*¡**Hola**! ¿Cómo te llamas?*
*Vino una **ola** y nos caímos al agua.*

hasta (preposición)	asta (cuerno)

***Hasta** mañana.*
*El toro tenía un **asta** rota.*

ATENCIÓN

- Todas las formas del verbo *hacer* (y *deshacer*) se escriben con *h* y todas las formas del verbo *echar* (y *desechar*) se escriben sin *h*.

¡Recuerda!

Estas son otras palabras homófonas con *h* y sin *h*:

ha / a / ¡ah!   honda / onda
he / e / ¡eh!   haber / a ver
hay / ¡ay! / ahí   ¡hala! / ala

Estas palabras **nunca** llevan *h*:

astas   echamos
olas   desechan
alas   ondas

Ejercicios

1. **Escribe una oración con cada una de estas palabras homófonas.**

- ha / a / ¡ah!
- hay / ¡ay!
- he / e / ¡eh!
- ¡hala! / ala

2. **Completa estas oraciones con la palabra adecuada.**

- Como estaba lloviendo, no llegamos hasta/asta la playa, nos dimos la vuelta antes.
- Ya verás. Mi padre ha hecho/echo una tarta de chocolate riquísima.
- ¡Hola/ola, Adolfo! ¡Cuánto tiempo! ¿Qué tal te va todo?

3. **Completa los dos crucigramas. En uno de ellos todas las palabras se escriben con *h* y en el otro todas se escriben sin *h*.**

1. En otoño, caen de los árboles.
2. Al despedirnos decimos: ¡ ______ mañana!
3. Sinónimo de fabricar.
4. Saludo.
5. Pasar las hojas de un libro.

1. H ❑ ❑ ❑ ❑
2. ❑ A ❑ ❑ ❑
3. ❑ ❑ C ❑ ❑
4. H ❑ ❑ ❑
5. ❑ ❑ ❑ E ❑ ❑

1. Miramos a través de los ______
2. Las del toro dan miedo.
3. Sinónimo de basura.
4. Van y vienen en el mar.
5. Mirar rápidamente.

1. ❑ ❑ ❑ ❑
2. ❑ ❑ ❑ ❑ ❑
3. ❑ ❑ ❑ ❑ ❑ ❑ ❑ ❑
4. ❑ ❑ ❑ ❑
5. ❑ ❑ ❑ ❑ ❑

Dictado

Lee este dictado y fíjate en las palabras marcadas:

Me desperté sobresaltado, **había** soñado que pasaba las vacaciones en Marte y tenía un amigo marciano. Entonces llegó mi **hermana** con una **hoja** de papel y me dijo: "¿**Has** escrito tú esto?". Me quedé atónito cuando leí lo que **allí** ponía: "¡**Hola**! Te **echo** mucho de menos, querido terrícola. Nos **hemos** **hecho** muy buenos amigos este verano. Pronto iré a visitarte. **Hasta** entonces. Un abrazo. Tu amigo Marciano".

Familias de palabras con *h*

Hoja, hojear, hojalata, milhojas, deshojar... *Todas estas palabras pertenecen a la misma familia y todas se escriben con* h. *En esta ficha aprenderás familias de palabras que se escriben con* h.

Para aprender

- **¿Qué es una familia de palabras?**

  Una familia de palabras es un conjunto de palabras que se forman a partir de otra palabra. Ejemplo: ***humo**, **hum**areda, **ahu**mado.*

- **¿Qué familias de palabras mantienen la *h*?**

  En general, cuando una palabra de una familia lleva *h*, también la llevan las demás palabras de la misma familia. Ejemplos:

hospedar →	***h**uésped, **h**ospedaje*
habitar →	***h**abitación, **h**abitante, des**h**abitado*
hablar →	***h**abla, **h**ablador, **h**ablante*
huir →	***h**uida, re**h**uir, a**h**uyentar*

- **¿Qué palabras no mantienen la *h* de su familia?**

  En general, no se escriben con *h* las palabras que empiezan por ***o***- si vienen de una palabra que empieza por ***hue***-. Ejemplos:

huevo →	***o**val, **o**vario, **ó**vulo.* Pero: ***hue**vera, **hue**vería*
huérfano →	***o**rfanato, **o**rfandad*
hueso →	***ó**seo, **o**samenta*
Huelva →	***o**nubense*

ATENCIÓN

- Las formas verbales del verbo *oler* que empiezan por ***hue***- se escriben con *h*. Ejemplos: ***hue**lo, **hue**le.* Pero: *olemos, oléis.*

Ejercicios

1. **Clasifica en el cuadro las palabras que pertenezcan a cada familia y añade una palabra más a cada serie.**

- hijastro
- heladería
- hombría
- herrero
- helado
- hombrón
- herramienta
- ahijado

hierro	
hijo	
hombre	
hielo	

2. **Forma verbos de la familia de estas palabras.**

- moho
- ahorro
- húmedo
- hueco
- hondo
- humo

Ejemplo: *moho* → *enmohecer.*

3. **Completa la tabla con las palabras del cuadro y añade dos más a cada columna.**

- hada
- hilado
- hamaca
- huevera
- huesudo
- hipopótamo

ha-	hi-	hue-
hada		

- Escribe una oración con una palabra de cada columna.

Dictado

Lee este dictado y fíjate en las palabras marcadas:

Cuando entré en mi **habitación**, **había** un gran desorden. La cama estaba **deshecha**, la **almohada** en el suelo, las **hojas** de los libros arrancadas y la **hucha** rota, con todos mis **ahorros** esparcidos. Parecía que **había** pasado un **huracán**. Sin embargo, allí mismo estaba el responsable. **Había** sido **Hugo**, mi perro, que **ahora** me pedía perdón con sus ojos tristes. Se **había** quedado solo y **había** estado jugando.

Palabras con *b* (I)

Deber, iban, estaba, también... *Todas estas palabras se escriben con* b. *Aquí encontrarás algunas reglas que te ayudarán a saber cuándo escribir una palabra con* b.

Para aprender

- Algunas reglas útiles de la ***b***
  - ✔ Se escriben con *b* las formas verbales de los verbos ***deber, haber, saber*** y ***caber***. Ejemplos: *de**b**en, ha**b**ía, sa**b**rán, ca**b**emos.*
  - ✔ Se escriben con *b* las formas verbales que terminan en ***-aba***, ***-abas***, ***-aba***, ***-ábamos***, ***-abais***, ***-aban*** y las formas del verbo *ir*: ***iba, ibas, iba, íbamos, ibais, iban***. Ejemplos: *pens**aba**, jug**abais**, **iban**.*
  - ✔ Se escriben con *b* todas las palabras que empiezan por ***bu-***, ***bur-*** y ***bus-***. Ejemplos: ***bu**fanda*, ***bur**buja*, ***bus**car.*
  - ✔ Se escriben con *b* todas las palabras que empiezan por las sílabas ***ab-***, ***ob-*** y ***sub-***. Ejemplos: ***ab**sorber*, ***ob**tener*, ***sub**terráneo.*

ATENCIÓN

- Después de *m* se escribe siempre *b*. Ejemplos: *ta**mb**ién, sin e**mb**argo, a**mb**os.*

¡Recuerda!

Estas palabras se escriben **siempre** con *b*, pero no siguen ninguna regla:

bastante	árbol
arriba	autobús
abajo	balón

Estas palabras **nunca** se escriben con *b*:

joven	todavía
viejo	automóvil
volver	navegar

Ejercicios

1. Escribe dos formas de estos verbos que se escriban con ***b***.

   - deber
   - haber
   - saber
   - caber

2. Escribe una oración con cada una de las palabras del *¡Recuerda!* de la página anterior que se escriben con ***b***, pero que no siguen ninguna regla.

3. Completa estas oraciones con la forma del verbo que se indica.

   - El año pasado ir-yo todos los días a natación y este año también quiero ir.
   - Cuando la profesora me hizo la pregunta, yo estar pensando en otra cosa y no supe responder.
   - ¿En qué colegio estudiar-tú el curso pasado?
   - Mientras tú veías la televisión, nosotros acabar de hacer todos los deberes.

4. Descubre la sílaba que le falta a cada grupo de palabras.

fón ta-ca le-var ho	ca que-da to car	sur-do so-lu-to do-mi-nal sor-ber
vio se-quio je-ti-vo ser-va-to-rio	ga-lés la gue-sí-a gués	ma-ri-no ra-yar te-rrá-ne-o di-to

Dictado

Lee este dictado y fíjate en las palabras marcadas:

Al **autobús iba** a **subir** un señor con tantas bolsas que casi no **cabía** por la puerta. El conductor le dijo de **broma**: "**Debería cobrarle** dos **billetes** por ocupar tanto espacio". Al oírle, una niña se dio cuenta de que el señor necesitaba ayuda y le cogió tres **bolsas**. Se llevó una gran sorpresa al **observar** que no **pesaban** nada. ¡**Estaban** llenas de **globos** para las fiestas de carnaval!

Palabras con *b* (II)

Subir, contribuir, amabilidad, nauseabundo... *Todas estas palabras también se escriben con* b. *En esta ficha encontrarás otras reglas que te ayudarán a saber cuándo escribir una palabra con* b.

Para aprender

- **Otras reglas útiles de la *b***

  ✔ Se escriben con *b* las formas de los verbos que terminan en ***-bir***, excepto ***servir***, ***hervir*** y ***vivir***. Ejemplos: *escri**bir***, *prohi**bir***, *su**bir***.

  ✔ Se escriben con *b* las formas de los verbos que terminan en ***-buir***. Ejemplos: *contri**buir***, *distri**buir***.

  ✔ Se escriben con *b* las palabras que terminan en ***-bilidad*** excepto ***movilidad***. Ejemplos: *ha**bilidad***, *posi**bilidad***.

  ✔ Se escriben con *b* las palabras que terminan en ***-bundo*** y ***-bunda***. Ejemplos: *vaga**bundo***, *medita**bunda***.

ATENCIÓN

- Se escribe siempre *b* delante de *l* o *r*. Ejemplos: ***bl**ando*, *po**br**e*.

¡Recuerda!

Estas palabras se escriben **siempre** con *b*, pero no siguen ninguna regla:

bonito, bueno, banco, silbido, barro, besar

Estas palabras **nunca** se escriben con *b*:

servía, hierve, vive, nieve, a veces, a través

Ejercicios

1. **Completa las tablas con las palabras del cuadro que sean de la misma familia.**

- vivienda
- escriba
- hervor
- recibo
- exhibición
- prohibición
- autoservicio
- inhibición
- subida

-vir	vivir:		-bir	escribir:		-bir	prohibir:
	hervir:			exhibir:			subir:
	servir:			recibir:			inhibir:

- Añade una palabra más a cada familia.

2. **Forma palabras acabadas en *-bilidad* y escribe una oración con cada una de ellas.**

- amable
- responsable
- disponible
- imposible
- flexible
- estable
- débil
- contable

3. **Forma palabras con *bl* y *br* ordenando las letras.**

sebal	❑ ❑ B L ❑	robmoh	❑ ❑ ❑ B R ❑
ranabdul	B L ❑ ❑ ❑ ❑ ❑ ❑	onribc	B R ❑ ❑ ❑ ❑
balhar	❑ ❑ B L ❑ ❑	zarbo	B R ❑ ❑ ❑
varlesub	❑ ❑ B L ❑ ❑ ❑ ❑	choabr	B R ❑ ❑ ❑ ❑
blecreini	❑ ❑ ❑ ❑ ❑ ❑ B L ❑	reahmb	❑ ❑ ❑ B R ❑

LETRAS

Dictado

Lee este dictado y fíjate en las palabras marcadas:

El otro día **iba** por la calle cuando vi un perro sin dueño. No **llevaba** collar, pero se le **notaba** la marca de **haberlo** llevado antes. Era muy **bonito**, y cuando lo **acariciaba** movía la cola y me lamía la mano. **Estaba** pensando cómo podía **buscar** al dueño, cuando el perro salió corriendo. **Había** oído un **silbido** y **sabía** que le **llamaban** a él. Allí **estaba** su dueña, una niña de mi edad. Me explicó que **había** salido corriendo cuando **intentaba** **bañarle** con la manguera en el jardín de su casa.

Palabras con *v* (I)

Adversidad, villano, subvención, vicepresidente... *Todas estas palabras se escriben con* v. *En esta ficha aprenderás algunas reglas útiles que te ayudarán a saber cuándo debes escribir una palabra con* v.

Para aprender

- **Algunas reglas útiles de la *v***

  ✓ Se escriben con *v* todas las palabras que empiezan por ***adv***- y ***subv***-. Ejemplos: ***adv**ersario*, ***subv**encionar.*

  ✓ Se escriben con *v* todas las palabras que empiezan por ***vice***-, excepto ***bíceps***. Ejemplos: ***vice**versa*, ***vice**presidente.*

  ✓ Se escriben con *v* todas las palabras que empiezan por ***villa***-, excepto ***billar***. Ejemplos: ***villa***, ***villa**ncico.*

  ✓ Se escriben con -*v* los verbos que acaban en -***servar*** y -***versar***. Ejemplos: *con**servar***, *con**versar***.

ATENCIÓN

- Después de *n* se escribe siempre *v*. Ejemplos: ***inv**ento*, ***env**idia*, ***env**ejecer.*

¡Recuerda!

Estas palabras se escriben **siempre** con *v*, pero no siguen ninguna regla:

lavar	cueva
divertido	ventana
llevar	verde

Estas palabras **nunca** se escriben con *v*:

boca	barrio
bicicleta	baúl
ballena	balcón

Ejercicios

1. **Clasifica las palabras del cuadro.**

• advenedizo	• subvencionar	• advertir	• subversivo
• subvención	• adverbio	• adversario	• adviento

Palabras que empiezan por *adv-* ▷

Palabras que empiezan por *subv-* ▷

2. **Forma palabras que empiecen por *vice-* y escribe una oración con cada una.**

• rector • secretario • presidente • tesorero

3. **Escribe cada palabra en su lugar.**

convencer	e N V í o
envoltorio	_ N V _ _ _ _
envidiar	_ N V _ _ _ _ _
invento	_ N V _ _ _ _ _
inverosímil	_ N V _ _ _ _ _
envío →	_ _ N V _ _ _ _ _
invitación	_ N V _ _ _ _ _ _ _
invierno	_ N V _ _ _ _ _ _ _
envolver	_ N V _ _ _ _ _ _ _ _

▪ Elige tres palabras de las anteriores y escribe una oración con cada una.

Dictado

Lee este dictado y fíjate en las palabras marcadas:

El **invierno** pasado **nevó** mucho y en el colegio hicimos un concurso de muñecos de **nieve**. Fue muy **divertido**. **Virginia**, **David** y yo nos **inventamos** un muñeco de **nieve** muy original. Parecía un turista de **verano**. Iba montado en una bicicleta, **llevaba** gafas de sol, un sombrero **verde** ¡y bañador! Además, se estaba tomando un helado. Ganamos el concurso por ser el muñeco de **nieve** más **inverosímil** de toda la competición.

Palabras con *v* (II)

Van, veinte, suave, estuvieron... *Todas estas palabras se escriben con* v. *Aquí encontrarás otras reglas útiles que te ayudarán a saber cuándo escribir una palabra con* v.

Para aprender

- **Otras reglas útiles de la *v***

  ✔ Se escriben con *v* las formas verbales que terminan en ***-uve***, ***-uviste***, ***-uvo***, ***-uvimos***, ***-uvisteis***, ***-uvieron***, excepto las formas del verbo ***haber***. Ejemplos: *tuve*, ***estuvimos***. Pero: ***hube, hubo***.

  ✔ Se escriben con *v* todas las formas verbales del verbo ***ir***, excepto ***iba***, ***ibas***, ***iba***, ***íbamos***, ***ibais***, ***iban***. Ejemplos: ***voy***, ***vamos***.

  ✔ Se escriben con *v* los adjetivos que terminan en ***-avo***, ***-evo***, ***-ivo***, ***-eve***, ***-ave***. Ejemplos: ***octavo***, ***nuevo***, ***nativo***, ***leve***, ***suave***.

  ✔ Se escriben con *v* todas las palabras que terminan en ***-voro, -vora***. Ejemplos: ***herbívoro***, ***carnívora***. Se exceptúa ***víbora***.

ATENCIÓN

- Se escriben con *v* los nombres de los números y de las estaciones del año. Ejemplos: *nueve*, *verano*.

¡Recuerda!

Estas palabras se escriben **siempre** con *v*, pero no siguen ninguna regla:

llover	vestir
servilleta	vela
levantar	vuelta

Estas palabras **nunca** se escriben con *v*:

hierba	barba
botón	barriga
prohibir	labio

Ejercicios

1. Escribe estas oraciones con la forma adecuada del verbo.

- Ayer estar con mis amigos en las fiestas del barrio.
- ¿Qué profesora de música tener-tú el año pasado?
- El fin de semana pasado haber una función de teatro en mi colegio.
- Clara y yo fuimos en busca de agua y andar mucho hasta encontrar una fuente.

2. Forma adjetivos terminados en *-ivo* o *-iva* y escribe una oración con cada uno.

- donar
- caridad
- fiesta
- curar
- defensa
- educar
- conflicto
- relación

Ejemplo: *donar* > *donativo.*

3. Busca en esta sopa de letras seis nombres de animales que se escriben con *v*.

A	V	E	S	T	R	U	Z	X
H	I	D	O	V	E	J	A	L
O	S	V	C	I	E	R	V	O
V	O	A	V	I	S	P	A	R
A	N	C	T	V	E	L	C	F
P	P	T	U	Y	O	T	A	A

Dictado

Lee este dictado y fíjate en las palabras marcadas:

Mi abuelo **vive** en el campo. Allí tiene una granja con gallinas y un burro. Es un burro muy simpático. Siempre que **voy** a **visitar** a mi abuelo **viene** a saludarme. A mí me gusta acariciarle el lomo porque tiene el pelo muy **suave**. Cuando **estuvo** enfermo, el **verano** pasado, yo iba todos los días a **llevarle** un poco de hierba al establo. Me gustaría poder **llevármelo** a **vivir** a mi casa, pero en mi habitación no cabe.

LETRAS

Palabras homófonas con *b* y con *v*

Baca, vaca... *Estas palabras se pronuncian igual, pero una se escribe con* b *y otra con* v. *En esta ficha aprenderás algunas palabras homófonas con* b *y con* v.

Para aprender

- **Palabras homófonas con *b* y con *v***

Palabras homófonas son palabras que se pronuncian igual, pero se escriben de forma distinta y tienen significado diferente. Estas son algunas palabras homófonas con *b* y con *v*.

baca	vaca

*En la **baca** del coche iban nuestras tres bicicletas.*
*En casa de mis abuelos bebemos leche de **vaca** recién ordeñada.*

bello	vello

*El sábado nos levantamos muy pronto y vimos un **bello** amanecer.*
*Cuando nació mi primo, tenía mucho **vello** en la espalda.*

sabia	savia

*Mi profesora de teatro lee mucho, es una mujer muy **sabia**.*
*La **savia** es el alimento de las plantas.*

basto	vasto

*Luis está todo el día diciendo tacos, es un chico muy **basto**.*
*Detrás del castillo había un **vasto** campo.*

ATENCIÓN

- Si una palabra se escribe con *b* o con *v*, las palabras de la misma familia también se escriben con *b* o con *v*. Ejemplos: *vaca, vacuno, vaquero*.

¡Recuerda!

Estas palabras homófonas **siempre** se escriben con *b*:

bobina
bienes (*riquezas*)
tubo

Estas palabras homófonas **siempre** se escriben con *v*:

bovina (de *bueyes*)
vienes (de *venir*)
tuvo (de *tener*)

Ejercicios

1. Escribe estas oraciones con la palabra adecuada.

- Jaime ya empieza a tener bello/vello en la cara.
- En vacaciones siempre llevamos la baca/vaca del coche llena de equipaje.
- El estadio olímpico se construyó en un basto/vasto campo a las afueras de la ciudad.
- Mi abuelo me dice siempre: "Si lees mucho, llegarás a ser muy sabia/savia".

2. Explica el significado de estas palabras y escribe una oración con cada una.

- barón / varón
- botar / votar
- tubo / tuvo
- rebelarse / revelar

3. Completa los dos crucigramas. En uno de ellos todas las palabras se escriben con *b*. En el otro todas las palabras se escriben con *v*. ¿Qué dos animales se esconden en las casillas oscuras?

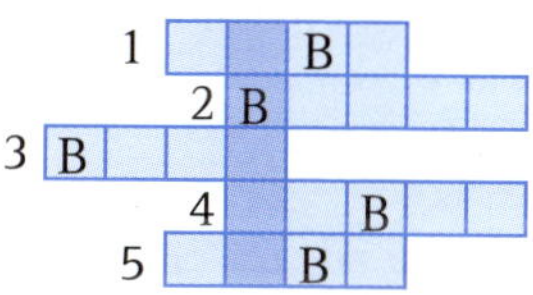

1. Parte de terreno que se mete en el mar.
2. Título de persona de clase noble.
3. Embarcación.
4. Se usa para lavarse.
5. Fruto parecido a la judía.

1. 1.ª persona singular del verbo *cavar*.
2. Persona de sexo masculino.
3. Imperativo del verbo *votar*.
4. Que tiene pocos años.
5. Animal que vuela.

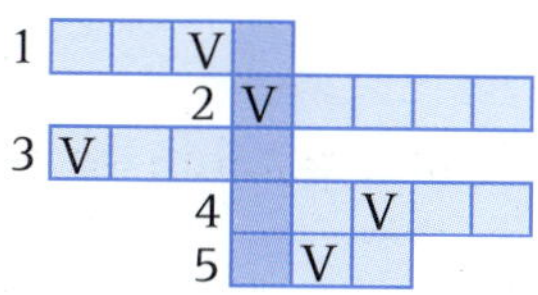

Dictado

Lee este dictado y fíjate en las palabras marcadas:

Ayer fuimos a los lagos de **Covadonga**. **Llevábamos** en la **baca** del coche nuestras **bicicletas**. Hacía muy **buen** tiempo. El sol **brillaba** y en el cielo no **había** ni una **nube**. Al **subir**, mamá **tuvo** que **esquivar** a una **vaca** y su ternero que **estaban** parados en medio de la carretera. Al **cabo** de un rato, oímos un ruido muy raro. El **tubo** de escape se **había** roto. Mamá **tuvo** que llamar a la grúa y **tuvimos** que **volvernos** a casa. ¡Qué mala suerte!

Palabras con *g*

Geógrafo, ingenio, imagen, fingir... *Todas estas palabras se escriben con* g. *Aquí encontrarás algunas reglas útiles que te ayudarán a saber cuándo escribir una palabra con* g.

Para aprender

- **Algunas reglas útiles de la *g***

  ✓ Se escriben con *g* las palabras que empiezan por ***geo-***. Ejemplos: ***geo**grafía*, ***geo**metría.*

  ✓ Se escriben con *g* las palabras que empiezan por ***ing-***, excepto **injerto**. Ejemplos: *ingenuo, ingerir.*

  ✓ Se escriben con *g* las palabras que terminan en ***-gen***. Ejemplos: *mar**gen**, ori**gen**.*

  ✓ Se escriben con *g* los verbos que terminan en ***-ger*** y ***-gir***, excepto ***tejer*** y ***crujir***. Ejemplos: *co**ger**, ele**gir**.*

  ✓ Se escriben con *g* las palabras que terminan en ***-gia***, ***-gio***, ***-gión*** y ***-gional***. Ejemplos: *ma**gia**, liti**gio**, reli**gión**, re**gional**.*

ATENCIÓN

- Las palabras *cónyuge* y *género* se escriben con *g*.

¡Recuerda!

Estas palabras se escriben **siempre** con *g*, pero no siguen ninguna regla:

gimnasia, girasol
régimen, inteligencia
higiene, ligero

Estas palabras **nunca** se escriben con *g*:

jefe, mejilla
jirafa, ejemplo
jersey, mujer

Ejercicios

1. Escribe las palabras de la misma familia en cada columna.

- imaginación
- marginal
- originar
- imaginativo
- marginación
- originalidad

origen	imagen	margen

2. Clasifica los verbos del cuadro según su terminación.

- coger
- corregir
- dirigir
- recoger
- sobrecoger
- exigir
- encoger
- acoger
- fingir
- escoger

-GER

-GIR

- Escribe una oración con cada verbo.

3. Descubre la sílaba que falta y escribe todas las palabras resultantes.

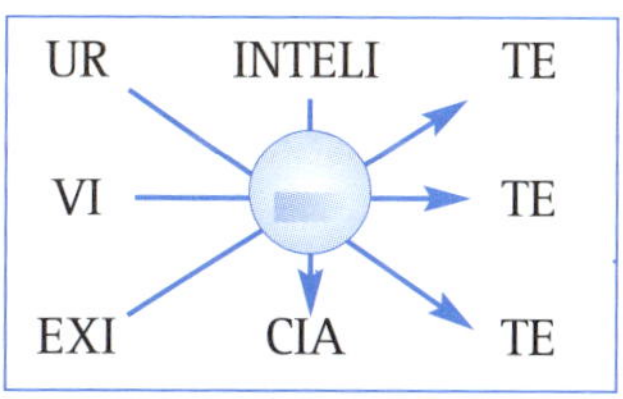

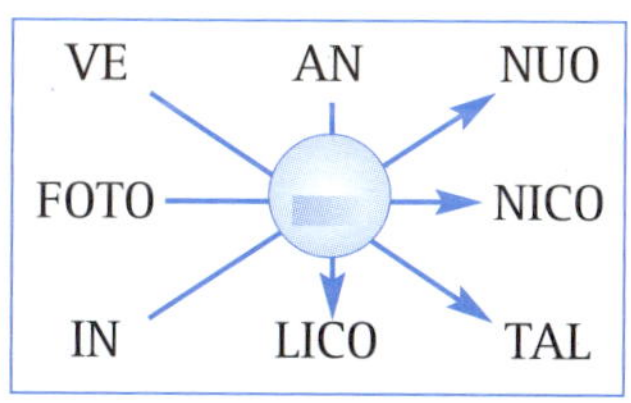

Dictado

Lee este dictado y fíjate en las palabras marcadas:

Gema y **Ángeles** son dos hermanas **gemelas**. Son muy amigas y siempre van juntas. A Gema le encantan los juegos de **magia**. En el recreo siempre nos divierte con algún juego **original**. ¡Qué **imaginación**! De mayor quiere ser maga. Ángeles es muy trabajadora y siempre ayuda a su hermana con los ejercicios y le **corrige** los errores. Pero lo que más le gusta en el **colegio** es la **gimnasia** y de mayor quiere ser trapecista. Su abuelo dice que las dos han **escogido** una profesión de circo.

Palabras con *j*

Paisaje, relojería, traduje, cojera... *Todas estas palabras se escriben con* j. *Aquí aprenderás algunas reglas útiles que te ayudarán a saber cuándo escribir una palabra con* j.

Para aprender

- **Algunas reglas útiles de la *j***

  ✔ Se escriben con *j* todas las palabras que terminan en ***-aje***. Ejemplos: *gara**je**, via**je**, salva**je***.

  ✔ Se escriben con *j* las palabras que acaban en ***-jero***, ***-jera***, ***-jería***, excepto ***ligero***. Ejemplos: *extran**jero**, cone**jera**, conse**jería***.

  ✔ Se escriben con *j* las formas verbales cuyo infinitivo no lleva ni *g* ni *j*. Ejemplos: ***dije*** (*decir*), ***conduje*** (*conducir*) (son los verbos cuyo infinitivo termina en ***-cir***).

ATENCIÓN

- Si una palabra se escribe con *j*, las palabras de su familia también se escriben con *j*. Ejemplos: *masaje, masajista; rojo, rojizo.*
- Las palabras *reloj* y *carcaj* se escriben con *j* al final.

¡Recuerda!

Estas palabras se escriben **siempre** con *j*, pero no siguen ninguna regla:

lejía	sujetar
tejido	perejil
objeto	mejillón

Estas palabras **nunca** se escriben con *j*:

anginas	refugio
geranio	vigilante
vegetación	gitano

Ejercicios

1. **Forma palabras terminadas en *-aje* a partir de las siguientes.**

- persona
- aterrizar
- equipo
- pelo
- ola
- carro
- hospedar
- árbitro
- espía
- lengua

2. **Escribe de nuevo estas oraciones con las formas adecuadas de los verbos.**

- Ángel nos conducir a su cueva secreta y nos enseñó su colección de piedras.
- ¿Cómo deducir-tú que era yo el de la broma?
- Todos nos preguntamos cómo se producir un temblor de tierra tan grande.
- El hombre del tiempo predecir que haría buen tiempo, pero está lloviendo.

3. **Completa las palabras del cuadro y busca en la sopa de letras las seis que se escriben con *j*.**

sona■ero	tatua■e
le■ía	ele■ido
a■ente	■irafa
■inete	gara■e
á■il	■ente

L	A	J	G	S	R	A	M
S	O	N	A	J	E	R	O
R	N	E	R	E	Y	T	J
J	I	R	A	F	A	B	I
I	L	E	J	I	A	I	N
Q	U	E	E	U	E	R	E
G	Y	E	S	M	S	C	T
U	T	A	T	U	A	J	E

Dictado

Lee este dictado y fíjate en las palabras marcadas:

Mensaje urgente para toda la población:

Un conejo **salvaje** se ha escapado del circo. Es un **ejemplar extranjero** muy preciado. Tiene el pelo **rojizo** y los ojos grandes y negros. No es un animal peligroso, aunque puede destrozar algunos **objetos** porque es un experto en hacer **agujeros**. Si alguien logra cogerlo, lo mejor es **sujetarlo** por las orejas. Habrá recompensa.

El **Jefe** del Circo.

20

Palabras con *s* y con *x*

Esquí, espléndido, exhibir, explotación... *Algunas de estas palabras se escriben con* s *y otras con* x. *Aquí encontrarás algunas reglas útiles para saber cuándo escribir una palabra con* s *o con* x.

Para aprender

- **Algunas reglas útiles de la *s***

  ✔ Se escribe *s* delante de *b, f, g, l, m* y *q*, excepto ***exquisito***. Ejemplos: *__esb__elto, __esf__era, __esg__rima, __esl__ogan, __esm__alte, __esq__uema.*

  ✔ Se escriben con *s* las palabras que terminan en ***-sión***, excepto ***anexión***, ***conexión***, ***crucifixión***, ***flexión*** y ***reflexión***. Ejemplos: *ilu__sión__, vi__sión__.*

- **Algunas reglas útiles de la *x***

  ✔ Se escribe *x* en las palabras que comienzan por ***ex-*** seguido de vocal o ***h*** intercalada. Ejemplos: *__ex__igir, __exh__austo.*

  ✔ Se escribe *x* en las palabras que comienzan por ***expla-***, ***expli-***, ***explo-***, ***expre-***, ***expri-*** y ***expro-***. Ejemplos: *__expla__nada, __expli__cación, __explo__rar, __expre__sión, __expri__mir, __expro__piar.*

ATENCIÓN

- No confundas estas palabras:
  contesto (de *contestar*) / *contexto*
  seso / *sexo*

¡Recuerda!

Estas palabras se escriben **siempre** con *s*, pero no siguen ninguna regla:

espléndido	espeso
espectáculo	estructura
espontáneo	estreno

Estas palabras se escriben **siempre** con *x*, pero no siguen ninguna regla:

boxeo	expulsión
extremo	próximo
excursión	asfixia

Ejercicios

1. **Completa con *s* o *x* las siguientes palabras. Después escribe una oración con cada una.**

- ta ___ i
- e ___ planada
- e ___ prés
- e ___ hibición
- e ___ amen
- au ___ encia
- e ___ plícito
- e ___ tupendo
- o ___ ígeno

2. **Descubre la sílaba que falta.**

___	PÍ-A PON-TÁ-NE-O COM-BRO PEC-TA-CU-LAR CA-LO-FRÍ-O

___	CU-SA CUR-SIÓN CEP-TO TRA-OR-DI-NA-RIO TRAM-BÓ-TI-CO

3. **Forma palabras ordenando las letras.**

FIAXIAS	
FÓNXOSA	
DORPECESTA	
FLEBLEXI	
TUSTOA	
TROXÍTAME	

4. **Explica qué diferencia de significado hay entre las palabras *contesto* y *contexto*. Utiliza el diccionario si lo necesitas.**

Dictado

Lee este dictado y fíjate en las palabras marcadas:

Al pasar por la plaza vimos a un hombre disfrazado de arlequín que decía: "¡Atención, chicos y chicas! ¡Ya han vuelto los títeres a la plaza! ¡Comienza el **espectáculo**! El **próximo** viernes es el día del **estreno**, la función durará dos horas. Una **exhibición espléndida** de risas y humor. No te lo pierdas. Se **exige** la participación del público". A todos nos hizo mucha **ilusión** y corrimos a comprar las entradas.

Palabras con *ll* y con *y*

Calle, tornillo, leyes, leyendo... *Algunas de estas palabras se escriben con* ll *y otras con* y. *En esta ficha encontrarás algunas reglas útiles para saber cuándo escribir una palabra con* ll *o con* y.

Para aprender

- **Algunas reglas útiles de la *ll***
  - ✔ Se escriben con *ll* las palabras que terminan en ***-illo***, ***-illa***. Ejemplos: *ladr**illo**, s**illa**.*
  - ✔ Se escriben con *ll* las palabras que terminan en ***-alle***, ***-elle***, ***-ello***, excepto *subraye, raye, plebeyo*. Ejemplos: *v**alle**, mu**elle**, s**ello**.*
  - ✔ Se escriben con *ll* todas las formas del verbo ***hallar*** ('encontrar'). Ejemplo: *ha**ll**amos.*
- **Algunas reglas útiles de la *y***
  - ✔ Se escriben con *y* los plurales de las palabras que acaban en ***-y***. Ejemplo: *bue**y**es.*
  - ✔ Se escriben con *y* las palabras que empiezan por ***ady***-, ***disy***-, ***suby***-. Ejemplos: ***ady**acencia, **dis**yuntivo, **sub**yugar.*
  - ✔ Se escriben con *y* las formas verbales de verbos cuyo infinitivo no lleva *y* ni *ll*. Ejemplos: *oír* → *o**y**e.*

ATENCIÓN

- No hay que confundir estas parejas de palabras:
  –halla / haya *–pollo / poyo* *–valla / vaya* *–rallar / rayar*

¡Recuerda!

Estas palabras se escriben **siempre** con *ll*, pero no siguen ninguna regla:

allí	llevar
llave	llover
llegar	ellos

Estas palabras se escriben **siempre** con *y*, pero no siguen ninguna regla:

ya	ayer
mayor	hoyo
playa	ayudar

Ejercicios

1. **Forma palabras añadiendo *-illo* o *-illa* a las siguientes.**

- bocado
- sombra
- banco
- curso
- molino
- pasta
- casa
- paso

- Escribe una oración con cada una de las palabras que has escrito.

2. **Escribe de nuevo estas oraciones eligiendo la palabra adecuada.**

- En la entrada de la casa de mis abuelos hay un pollo/poyo de piedra para sentarse.
- Déjame que valla/vaya con vosotros.
- Cuando Luis halla/haya la solución a los problemas de matemáticas se pone muy contento.
- Ten cuidado, procura no rallar/rayar la mesa.

3. **Escoge una sílaba de cada vaso y encuentra los nombres de los cinco animales escondidos.**

Ejemplo: *ca-me-llo.*

Dictado

Lee este dictado y fíjate en las palabras marcadas:

Ayer por la mañana los pescadores **hallaron** en la **playa** una **ballena** herida. Cuando **oyeron** su **llanto** todos interrumpieron su trabajo. **Llamaron** al veterinario, que **llegó** enseguida. **Yolanda** y yo fuimos para ver si necesitaban **ayuda**. Nos dejaron acariciarla mientras la curaban. ¡**Vaya** experiencia poder estar cerca de uno de los **mayores** animales del mundo! A **ella** parecía gustarle nuestra presencia. Muy pronto se puso bien y con una **redecilla** la **llevaron** a su casa, mar adentro.

Reglas de puntuación

22

El punto (.)

Ha debido de estar nevando toda la noche Hay cuatro metros de nieve. *¿Qué signo de puntuación escribimos entre estas dos oraciones? ¿Punto, coma, puntos suspensivos? A veces no es tan fácil saber qué signo de puntuación escribir. En esta ficha aprenderás cuándo debes escribir punto y qué tipos de puntos hay.*

Para aprender

- **¿Qué indica el punto?**
  El punto indica una pausa en la lectura.
- **¿Qué tipos de puntos hay?**
  Hay tres tipos de puntos: el punto y seguido, el punto y aparte y el punto final.
- **¿Cuándo se utilizan?**
  El punto y seguido se pone al final de una oración, cuando el texto continúa en la misma línea.
  El punto y aparte se pone al final de un párrafo, cuando el texto continúa en otra línea.
  El punto final se pone al final de un texto. Ejemplos:
  Como sabes, el oso panda es un animal en peligro de extinción. Por eso, toda la pandilla hemos decidido adoptar uno. Todos los meses damos parte de nuestros ahorros a la organización ADENA para que lo cuiden y alimenten bien.
  Nuestro oso panda se llama Tamu y vive en las montañas de Sehuán, en el suroeste de China, en una reserva protegida, donde está prohibido cazar.

  PUNTO Y SEGUIDO — PUNTO FINAL — PUNTO Y APARTE

ATENCIÓN

- Después de punto se escribe siempre mayúscula.

¡Recuerda!

Se dice:

punto y seguido
punto y aparte

Se dice:

punto final
no: ~~punto y final~~

Ejercicios

1. Coloca puntos donde sea necesario. Recuerda que después de punto se escribe mayúscula.

- La obra de teatro empieza dentro de media hora date prisa o no llegaremos
- Han suspendido el partido de esta tarde el campo está inundado por la lluvia
- He visto a la profesora del año pasado sigue tan simpática
- Mi nuevo vecino se llama Tomás es un chico muy extrovertido y alegre

2. Escribe de nuevo este texto y pon los puntos que le faltan.

Ya han llegado las marionetas a la plaza del barrio a todos nos ha hecho mucha ilusión el año pasado nos lo pasamos muy bien con sus historietas y sus chistes todos lo amigos nos hemos puesto de acuerdo para disfrazarnos de muñecos el día de la primera función se van a llevar una gran sorpresa

3. Ordena estas oraciones y escribe el párrafo que forman. No olvides escribir los puntos que sean necesarios.

Cuando se seca la pasta, se embala en paquetes grandes y se envían a la fábrica de papel

Después unos potentes imanes quitan cualquier elemento metálico, como clips o grapas

En primer lugar, se le quita toda la tinta

De allí saldrá el papel reciclado

Una vez limpio el papel, se añade agua para convertir el papel en pasta

¿Sabes cómo se recicla el papel?

PUNTUACIÓN

Dictado

Lee este dictado y fíjate en los signos de puntuación marcados:

La vaca Tomasa es la única vaca que hay en el pueblo. Es una vaca muy simpática y juguetona.
Todos los niños del pueblo la queremos mucho. En verano nos la llevamos cuando vamos de excursión. En el río le gusta bañarse con nosotros. Y si jugamos un partido de fútbol le dejamos que haga de árbitro. Ella se toma muy en serio su papel y, cada vez que alguien comete una falta, no para de mugir y de mover el rabo hasta que le hacemos caso.

Los dos puntos (:) y el punto y coma (;)

Julio tiene todos estos libros *¿Qué escribimos para anunciar una enumeración?, ¿dos puntos o punto y coma? En esta ficha vas a aprender a usar correctamente los dos puntos y el punto y coma.*

Para aprender

Los dos puntos (:)

- **¿Qué indican los dos puntos?**
  Los dos puntos indican una pausa equivalente al punto.
- **¿Cuándo se utilizan los dos puntos?**
  Los dos puntos se utilizan:
  - ✔ Después del saludo de las cartas. Ejemplo: *Querida prima:*
  - ✔ Después de anunciar una enumeración. Ejemplo: *A la fiesta vinieron mis mejores amigos: mi vecina Berta, Nicolás y Almudena.*
  - ✔ Para introducir las palabras de otra persona, después de verbos como *dijo*, *preguntó*, etc. Ejemplo: *Eva me dijo: "¿Me puedes ayudar con las matemáticas?".*

El punto y coma (;)

- **¿Qué indica el punto y coma?**
  El punto y coma indica una pausa menor que el punto y mayor que la coma.
- **¿Cuándo se utiliza el punto y coma?**
  El punto y coma se utiliza:
  - ✔ Antes de *aunque, sin embargo, no obstante.* Ejemplo: *Hoy me he reído mucho con tus chistes; sin embargo, los de ayer eran malísimos.*
  - ✔ Para separar elementos de una enumeración cuando alguno de ellos lleva coma. Ejemplo: *A mi madre le he regalado un disco; a mi padre, una gorra y a Juan, un diccionario.*

ATENCIÓN

- Después de los dos puntos se escribe en el mismo renglón y en minúscula, salvo en los encabezamientos de las cartas y cuando citamos las palabras de otra persona.

Ejercicios

1. Coloca los dos puntos donde sea necesario.

- Juan se despertó gritando "¡Hay un oso en mi cuarto!".
- Mi amiga Marta tiene todo tipo de animales tortugas, ranas, peces, perros y hasta urracas.
- Estas son mis aficiones favoritas nadar, leer novelas y coleccionar cromos.
- Ayer vi a Julián y me preguntó "¿Cuándo vamos a jugar el próximo partido?".

2. Escribe de nuevo estas oraciones colocando punto y coma donde sea necesario.

- Mi tía es cantante de ópera mi tío, domador de circo mi primo, guitarrista y mi prima, bailarina.
- Luis sale todos los días sin embargo, ayer no lo hizo.
- En verano vamos a la playa en Navidades, a casa de los abuelos en carnaval a la montaña y en Semana Santa nos quedamos en casa.
- El Ebro pasa por Zaragoza el Duero, por Zamora y el Tajo por Toledo.

3. Coloca los signos de puntuación que faltan:

Queridos abuelos
Ya queda poco para las Navidades. ¡Qué ganas tengo de ir a veros! Este año he hecho todos estos nuevos amigos Jorge, Eugenio, María, Eva, Toño y Alma. Os mando una foto en la que estamos todos. Un abrazo muy fuerte para los dos y hasta pronto

Elena

Dictado

Lee este dictado y fíjate en los signos de puntuación marcados:

¡Hola Nuria!:
Te escribo desde un barco. Estoy haciendo un crucero con mis padres. Ayer bajamos al fondo del mar vestidos de hombres rana. Esto fue lo que vimos: un barco hundido habitado por peces. El capitán era un tiburón; el timonel, un pulpo; el grumete, un boquerón; el cocinero, un calamar y los pasajeros, ¡doscientos langostinos con gafas de sol! ¡Qué ganas tengo de volver para que veas las fotos!

Ana

PUNTUACIÓN

La coma (,)

No lo han hecho como yo les dije. No lo han hecho, como yo les dije. *Como ves, una coma puede ser muy importante para comprender el significado de una oración. En esta ficha vas a aprender a usar correctamente la coma.*

Para aprender

- **¿Qué indica la coma?**

  La coma indica una pausa breve.

- **¿Cuándo se utiliza la coma?**

  La coma se utiliza:

  ✔ Para separar los miembros de una enumeración. Ejemplo: *Ayer estuve con Pedro, Óscar, Ana y Almudena.*

  ✔ Para separar del resto de la oración el nombre de la persona a la que se habla. Ejemplo:
  Joaquín, no te olvides de traer el pan.

  ✔ Para separar expresiones como *es decir, por ejemplo, en fin, por último, además...* Ejemplo:
  Ahora puedes leer otro libro, por ejemplo, Memorias de una vaca.

  ✔ Para introducir aclaraciones. Ejemplo:
  El próximo martes, día de la Constitución, es fiesta y no habrá clase.

  ✔ Para separar los decimales de los números enteros. Ejemplo: *0,56.*

ATENCIÓN

- Antes del último miembro de una enumeración no se escribe coma, sino *y*. Ejemplo:

  En la terraza hay girasoles, hortensias y amapolas.

- Se escribe coma y no *y* antes del último miembro de una enumeración cuando este es *etcétera* o su abreviatura *etc.* Ejemplo:

  En la frutería puedes comprar plátanos, manzanas, naranjas, peras, etc.

Ejercicios

1. Coloca comas donde sea necesario en estas oraciones.

- Ana cuando llegues a casa llama por teléfono a tu abuela.
- Luis habla muchos idiomas: inglés alemán ruso y coreano.
- Me duele mucho el brazo doctor.
- Este año iremos como siempre al circo de Navidad.
- Con este dinero voy a comprarme algo útil por ejemplo una mochila.

2. Escribe enumeraciones.

- En la panadería tengo que comprar ______ ______ y ______
- Las películas que más me gustan son ______ ______ y ______
- ______ ______ y ______ son animales salvajes.
- Este bolígrafo escribe con muchos colores: ______ ______ ______ y ______
- ______ ______ y ______ no vienen con nosotros.

3. Explica el significado de cada oración. Observa que la coma va en distintos lugares.

Tu hijo come siempre de todo.	Tú, hijo, come siempre de todo.
Se lo dijo claro.	Se lo dijo, claro.
¿Cuándo lo vemos? Hoy no, tengo prisa.	¿Cuándo lo vemos? Hoy, no tengo prisa.

PUNTUACIÓN

Dictado

Lee este dictado y fíjate en los signos de puntuación marcados:

Hoy hemos visitado toda la clase un museo muy especial, el Museo de las Cosas Imposibles. Resultó ser un lugar curioso. Vimos, por ejemplo, unas escaleras por las que se puede subir pero no bajar, un cuadro que se puede traspasar para aparecer en el lugar que está pintado y una cafetera que, en lugar de café, hace zumos. En fin, hemos pasado un día muy divertido viendo el mundo del revés.

Los signos de interrogación (¿?) y de exclamación (¡!)

Pero ¿qué me dices! *A veces no es tan fácil saber cuándo hay que poner los signos de interrogación y de exclamación. En esta ficha aprenderás a usar correctamente los signos de interrogación y de exclamación.*

Para aprender

Los signos de interrogación (¿?)

- **¿Qué indican los signos de interrogación?**
  Los signos de interrogación indican dónde empieza (¿) y dónde termina (?) una pregunta. Ejemplo:
  Perdone, ¿tiene hora?
- **¿Cuándo se utilizan los signos de interrogación?**
  Los signos de interrogación se utilizan cuando se hace una pregunta. Ejemplo:
  ¿Qué? ¿Ya ha llegado Paula?

Los signos de exclamación (¡!)

- **¿Qué indican los signos de exclamación?**
  Los signos de exclamación indican dónde empieza (¡) y dónde termina (!) una exclamación. Ejemplo:
  ¡Qué divertido es este libro!
- **¿Cuándo se utilizan los signos de exclamación?**
  Los signos de exclamación se utilizan cuando se hace una exclamación para expresar emoción, admiración, temor, alegría, dolor, etc. Ejemplos:
  ¡Ay! ¡Qué daño!

ATENCIÓN

- Después del signo de interrogación y de exclamación no se escribe punto.

¡Recuerda!

En español se ponen dos signos de interrogación, uno al principio (¿) y otro al final (?) de la pregunta.

En español se ponen dos signos de exclamación, uno al principio (¡) y otro al final (!) de la exclamación.

Ejercicios

1. Escribe preguntas que correspondan a estas respuestas. Recuerda que las palabras que introducen preguntas llevan tilde.

- Hemos pasado el fin de semana en casa de los abuelos.
- Sí, ya he terminado el puzzle que estaba haciendo.
- La obra de teatro la estrenamos el próximo viernes.
- En la fiesta estaban Ana y todos sus compañeros de clase.
- No, no lo he leído.

2. Inventa oraciones exclamativas para estas situaciones.

- Estás en el desierto, llevas caminando cuatro horas y no tienes agua.
- Estás solo en casa, oyes ruidos en el pasillo.
- Has ganado el primer premio de fotografía de tu barrio.
- Sales a la calle por la mañana y está todo blanco.
- Vais de excursión por el bosque y os caéis en un hoyo.
- Tu hermano tiene un examen muy importante.

3. Escribe las preguntas o exclamaciones que te sugieren estas palabras.

RIN (sonido del teléfono)

CRAK (romper)

CLAP (aplaudir)

Dictado

Lee este dictado y fíjate en los signos de puntuación marcados:

Ayer estaba solo en casa cuando, de repente, sonó el timbre. ¿Quién podía ser? Sigilosamente, me dirigí a la puerta y sin preguntar nada eché un vistazo por la mirilla. ¡Qué raro! Allí no había nadie. Regresé al salón y al poco rato volvieron a llamar. ¿Quién sería? De nuevo miré y seguía sin haber nadie, pero esta vez tomé una actitud valiente y decidido a todo pregunté quién llamaba. Me contestó un lastimero miau y al abrir me encontré a mis pies con mi gato Teo. ¡Había salido a dar una vuelta y se había olvidado de las llaves! ¡Menudo susto!

El guión (-) y la raya (—)

¿Qué debemos hacer cuando una palabra no cabe entera en una línea? ¿Cómo señalamos que habla un personaje? En esta ficha aprenderás a usar correctamente el guión y la raya.

Para aprender

- **¿Para qué se utiliza el guión?**

El guión se utiliza para dividir una palabra al final de una línea. Ejemplos: *es-*
cultor *escul-*
tor

Para dividir una palabra hay que tener en cuenta lo siguiente:

✔ Las palabras se separan por sílabas completas. Ejemplos: *car-ga-men-to, em-bo-ca-du-ra.*

✔ Los diptongos no se separan. Ejemplos: *ma-nan-**tial**, **ries**-go, **hue**-so.*

✔ Las letras dobles (*ll, ch, rr*) no se separan. Ejemplos: *fo-llc-to, bro-che, ma-to-rral.*

✔ No se debe dejar una vocal sola al principio o al final de un renglón.
Ejemplos: *arro-*
yo nunca *a-*
rroyo *ví-*
deo nunca *víde-*
o

- **¿Para qué se utiliza la raya?**

La raya se utiliza:

✔ Para señalar las intervenciones de los personajes de un diálogo. Ejemplo:
Tomás preguntó:
–¿Cuándo vamos de excursión?

✔ Para separar las palabras del narrador de las del personaje que habla. Ejemplo:
–El próximo sábado –le contestó el profesor.

ATENCIÓN

- El signo de la raya (–) es una rayita horizontal mayor que la del guión (-).

Ejercicios

1. **Separa estas palabras de todas las formas posibles al final de línea.**

- elefante
- miércoles
- astronauta
- archivador
- tierra
- ayunar
- colmillo
- allanar
- astronauta

2. **Escribe de nuevo este texto poniendo la raya donde sea necesario.**

La barca se despertó de su intenso sueño y al verse sola le preguntó al mar:
¿Adónde vamos, mar?
No lo sé. Depende del viento le contestó el mar, y añadió: Parece que esta vez sopla fuerte, así que iremos lejos, hasta la otra orilla.
¡Qué bien! exclamó la barca. Me encanta hacer turismo.

3. **Relaciona las fichas del dominó con las palabras del recuadro. Cada punto representa una sílaba. Los puntos de arriba son las sílabas que van antes del guión y los puntos de abajo, las sílabas que van después del guión.**

- mellizo
- colchoneta
- conserje
- razonamiento
- escurreplatos
- onomástica
- aéreo
- hueco

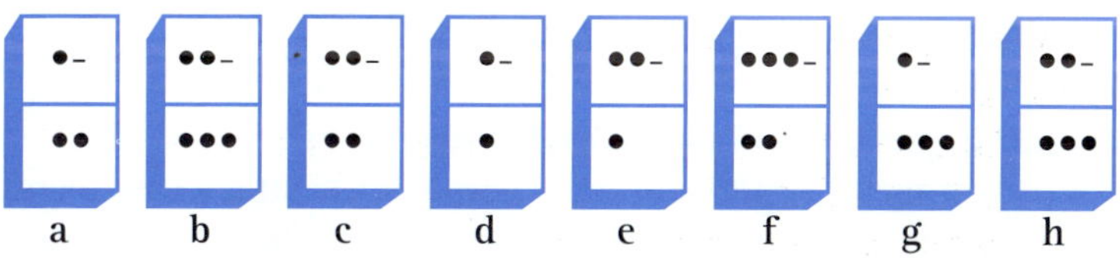

Dictado

Lee este dictado y fíjate en los signos de puntuación marcados:

Cristina, te ha llamado una chica. No he entendi-
do muy bien qué quería. Ha dicho textualmente:
—¿Puedes decirle a Cristina que cuando termi-
ne eso me lo mande aquí para que yo pueda aca-
bar esto otro? Gracias.
Y ha colgado. Ni siquiera me ha dicho su nom-
bre. Te dejo la nota por si tú entiendes algo.

Nacho

Los puntos suspensivos (...), las comillas (“ ”) y los paréntesis (( ))

Y dijo mi abuelo: “Perro ladrador...”. *¿Qué signo de puntuación debemos escribir cuando queremos reproducir las palabras de una persona o cuando queremos dejar un refrán a medias? En esta ficha aprenderás a usar correctamente los puntos suspensivos, las comillas y los paréntesis.*

Para aprender

- **¿Para qué se utilizan los puntos suspensivos?**

  Los puntos suspensivos se utilizan:

  - ✔ Para indicar que una enumeración no está completa. En este caso, se pueden sustituir por *etc.* Ejemplo:

    En la fiesta estaban todos: los abuelos, papá, mamá, Antonio, Gema...
  - ✔ Para indicar que un enunciado no está completo, que falta algo por decir. Ejemplo:

    Dime con quién andas...

- **¿Para qué se utilizan las comillas?**

  Las comillas se utilizan:

  - ✔ Para reproducir las palabras de otra persona. Ejemplo:

    Paloma preguntó: “¿Cuándo vamos a estrenar la obra?”.
  - ✔ Para indicar que una palabra es extranjera o que se utiliza con tono irónico. Ejemplos:

    Raúl sigue con atención el “tour” de Francia.

    No has acertado ni una, eres un “genio”.

- **¿Para qué se utilizan los paréntesis?**

  Los paréntesis se utilizan para introducir aclaraciones. Ejemplos:

  El año próximo empezaremos la ESO (Educación Secundaria Obligatoria).

  Mi hermana ha pasado el verano en Lyon (Francia), estudiando francés.

¡Recuerda!

Los puntos suspensivos son solo tres.

Delante del paréntesis no se pone coma, punto y coma ni punto, pero sí pueden ir detrás.

Ejercicios

1. Escribe enumeraciones incompletas utilizando los puntos suspensivos.

- Lleva en su mochila
- Tengo muchos amigos:
- Miguel tiene en su cuarto objetos muy variados:
- Aquí puedes comprar todo tipo de flores:
- A Clara le gustan todas las chucherías:

2. Utiliza las comillas en lugar de la raya para reproducir las palabras de la persona que habla.

- Su madre le dijo:
  –Vuelve pronto para ayudar a tu hermano.
- Sonia exclamó llena de alegría:
  –¡He ganado el concurso de música!
- La montaña le preguntó al mar:
  –¿Qué tal están mis primas, las montañas del otro lado?

3. Introduce la aclaración adecuada en cada oración. Escríbela entre paréntesis.

oración	aclaración
• Para su cumpleaños le regalaron el DRAE.	• 12 de octubre
• El padre de Carlos trabaja en Ribadesella.	• Diccionario de la Real Academia Española
• Mis amigas francesas me han escrito una carta.	• Sylvie y Catherine
• El día de la Hispanidad es fiesta nacional.	• Asturias

Dictado

Lee este dictado y fíjate en los signos de puntuación marcados:

Los ratones de mi barrio han creado la asociación RA (Ratones Amigos) para exigir derechos como estos: circular libremente por las calles, sin peligro de ser atacados por gatos vagabundos; viajar gratis en transportes públicos, sin gritos de pánico de la población; entrada libre en los basureros municipales... Los domingos salen a manifestarse con pancartas que dicen: "Los roedores estamos aquí". El alcalde les ha contestado que estudiará su propuesta.

PUNTUACIÓN

Reglas de palabras

Por qué, porque, porqué

Por qué, porque, porqué... *¿Cuál de estas palabras elegirías para completar esta oración?:* ¿... no vamos al cine? *En esta ficha aprenderás cuándo debes escribir cada una de estas palabras.*

Para aprender

- ¿Cuándo se utiliza ***por qué***?
  Por qué se utiliza para introducir preguntas. Ejemplos:
  *¿**Por qué** has tardado tanto en venir?*
  *No sé **por qué** estás enfadado.*
- ¿Cuándo se utiliza ***porque***?
  Porque se utiliza para introducir respuestas. Ejemplo:
  *Jorge ha suspendido **porque** ha estudiado muy poco.*
- ¿Cuándo se utiliza ***porqué***?
  Porqué se utiliza cuando se puede sustituir por "el motivo, la causa". Además, puede ir en plural: los ***porqués***. Ejemplos:
  *Araceli no me dijo el **porqué** de su actitud.*
  *Cada persona tiene sus **porqués**.*

ATENCIÓN

- *Por qué* no siempre va entre signos de interrogación. Ejemplo:
  No me contó por qué lo hizo.
- Existe también la forma ***por que***, aunque casi no se utiliza. *Por que* se puede sustituir por "por el cual" o "por la cual". Ejemplo:
  Este es el camino por que ha huido.

Ejercicios

1. Completa estas oraciones con *por qué*, *porque* o *porqué*.

- No entiendo el ______ de tu negativa.
- ¿______ viene con tanto retraso el autobús?
- ______ hay huelga de conductores.
- Tomás tiene sus ______ Ya te los contará él algún día.
- Cuéntame ______ no has acabado lo que tenías que hacer hoy.

2. Escribe las preguntas o las respuestas que corresponden a estas oraciones.

- No fui al cine porque tenía que ayudar a mi hermana.
- ¿Por qué no me lo has dicho antes?
- No he hablado con ella porque no estaba en casa cuando la he llamado.
- ¿Por qué tienes tanta prisa?
- Porque hace mucho frío.

3. En esta nota algunas palabras (*porque, porqué, por qué*) están escondidas en símbolos. Descífrala con ayuda de estas pistas.

☆ pregunta ❂ "motivo" ☺ respuesta

Si quieres saber ☆ te sigo, busca el ❂ a la luz del sol, ☺ soy tu sombra y siempre voy contigo. Cuando no estás al sol te preguntas ☆ me he ido. El ❂ es bien sencillo. No me ves ☺ me he escondido.

Dictado

Lee este dictado y fíjate en las palabras marcadas:

¿Sabes **por qué** los elefantes tienen la trompa tan larga? Mi amigo Adisu vive en Tanzania y su mascota Nico es un elefante. En su última carta me ha explicado el **porqué**. Dice que es **porque** les sirve para hacer muchas cosas, por ejemplo, con la trompa llegan a las ramas de los árboles y se llevan los alimentos a la boca, absorben agua para beber y también ¡se duchan con ella!
Adisu me pregunta **por qué** no voy otra vez: iremos al río a jugar con Nico y podremos ducharnos con su trompamanguera. ¡Qué ganas tengo de que llegue el verano!

Adónde, adonde, a donde

Adónde, adonde, a donde. *¿Cómo sabes cuál es la palabra que hay que poner en esta oración?:* El parque ... voy todas las tardes tiene muchos árboles.
En esta ficha aprenderás a usar correctamente cada una de estas palabras.

Para aprender

- **¿Cuándo se utiliza *adónde*?**
  Adónde se utiliza para introducir preguntas y exclamaciones. Ejemplos:
  *¿**Adónde** se marchó de vacaciones tu amiga Berta?*
  *No me dijo **adónde** había ido el martes.*
  *¡**Adónde** hemos llegado!*
- **¿Cuándo se utiliza *adonde*?**
  Adonde se utiliza cuando se refiere a un lugar señalado anteriormente. Ejemplo:
  *La casa **adonde** se ha trasladado Jaime está cerca del colegio.*
- **¿Cuándo se utiliza *a donde*?**
  A donde solo puede escribirse separado si no aparece delante la palabra a la que se refiere. Ejemplo:
  *Vamos a volver **a donde** estuvimos ayer por la tarde.*

ATENCIÓN

- La forma *a dónde* no existe.
- *Adónde* no siempre va entre signos de interrogación. Ejemplo:
  No sé adónde quieren ir.

Ejercicios

1. **Completa estas oraciones con *adónde*, *adonde* o *a donde*, según convenga.**

- Este es el pueblo ______ llegó el Príncipe.
- Le pregunté ______ iba de vacaciones este verano.
- ¿______ fue Olga a buscar los juguetes?
- ______ voy tú también puedes venir.

2. **Completa estas preguntas y respuestas con *adónde*, *adonde* y *a donde*.**

- ¿______ se marchó el ratón?
  El ratón se marchó a un lugar ______ no pueda subir el gato.
- ¿______ huyó el delincuente?
  Huyó a una cueva ______ no pueda llegar nadie.
- ¿______ vas tan deprisa?
  Voy ______ haga menos frío.
- ¿______ se dirige ese niño con su perro?
  Se dirige ______ puedan jugar.
- ¿______ partieron tus abuelos?
  Partieron a la ciudad ______ fueron cuando eran jóvenes.

3. **Construye tres oraciones con las piezas de este puzzle.**

Iremos | ? | ¿ | el teatro | Adónde | Me enseñó | a donde | escapó | llegaron | tú | el conejo | adonde | quieras | los actores

Dictado

Lee este dictado y fíjate en las palabras marcadas:

¡Hola Tomás!:
¿Sabes **adónde** llegué ayer por casualidad? A la cueva **adonde** fuimos tú y yo el año pasado, donde encontramos una caja vacía que parecía de un tesoro. Y ¿sabes qué me encontré? Una nota que decía: "No importa **a donde** hayan huido los ladrones de mi caja, pues si no me la devuelven pronto, con los poderes mágicos del tesoro los encontraré". ¿Tú recuerdas qué hicimos con la caja?

Esteban

PALABRAS

También, tan bien; tampoco, tan poco

También, tan bien; tampoco, tan poco. *Estos pares de palabras se pronuncian igual, pero se escriben de forma distinta y tienen significado diferente. En esta ficha aprenderás a usar correctamente estas palabras.*

Para aprender

- ¿Cuándo se utiliza ***también***?
  También se utiliza para hacer una afirmación. Ejemplo:
  *A mí **también** me gustaría ser trapecista.*
- ¿Cuándo se utiliza ***tan bien***?
  Tan bien se utiliza para hacer una comparación o para intensificar. Significa lo contrario de *tan mal.* Ejemplos:
  *Tu prima Marta baila **tan bien** como tú.*
  *Nunca me lo había pasado **tan bien**.*
- ¿Cuándo se utiliza ***tampoco***?
  Tampoco se utiliza para hacer una negación. Significa lo contrario de *también.* Ejemplo:
  *Rodolfo **tampoco** ha leído aún esta novela.*
- ¿Cuándo se utiliza ***tan poco***?
  Tan poco se utiliza para hacer una comparación o para indicar intensidad. Ejemplos:
  *Mi perro ha jugado hoy **tan poco** como el tuyo.*
  *Ha llovido **tan poco** que casi no están mojadas las calles.*

ATENCIÓN

- Observa que la palabra *también* lleva tilde porque es aguda acabada en *n.* Sin embargo, la palabra *bien* es un monosílabo y nunca lleva tilde.

¡Recuerda!

Estas palabras se escriben **siempre** juntas:

también (afirmación)
tampoco (negación)

Estas palabras se escriben **siempre** separadas:

tan bien (comparación)
tan poco (comparación)

Ejercicios

1. **Completa estas oraciones con *también* o *tan bien*.**

- A Álvaro le gusta mucho el tenis y a Carlos ________
- Nos lo pasamos ________ juntos que hemos decidido vernos todos los sábados.
- Mi padre sabe cocinar ________ como mi madre.
- Ayer vinieron los tíos y más tarde ________ vinieron los abuelos.

2. **Completa estas oraciones con *tampoco* o *tan poco*.**

- Le has echado ________ chocolate a la leche que casi no se nota.
- Jaime no vino ayer a clase y Celia ________
- Como me haces ________ caso ni siquiera has oído lo que acabo de decir.
- A mí ________ me gusta cómo me ha quedado el pastel.

3. **Completa los bocadillos con *también*, *tan bien*, *tan poco* o *tampoco*, según corresponda.**

No he visto nunca un extraterrestre. Yo ________	Le salió ________ la tarta que ganó el concurso.
Noelia ha estudiado ________ que este año tiene que repetir el curso.	Clara estuvo en el concierto de ayer Javier ________

Dictado

Lee este dictado y fíjate en las palabras marcadas:

En las fiestas del pueblo un vendedor ambulante anunciaba:
Niños y niñas, mirad lo que traigo: tartas, helados, dulces, frutas en almíbar y todo tipo de golosinas. Mirad cuántos globos. ¡Se inflan **tan bien**...! ¡Y cuestan **tan poco**...! **También** traigo caretas, narices de goma, sombreros, disfraces, cintas de colores... Y **tampoco** son caros. ¡Venga! ¡Venid todos a disfrazaros!

Si no, sino; de más, demás

Si no, sino; de más, demás. *Estos pares de palabras se pronuncian igual, pero se escriben de forma distinta y tienen significado diferente. En esta ficha aprenderás a usar correctamente cada una de estas palabras.*

Para aprender

- ¿Cuándo se utiliza ***si no***?
  - ✔ *Si no* se utiliza cuando se expresa una condición. Ejemplo:
    Si no *vienes, no te lo pasarás tan bien.*
  - ✔ *Si no* se utiliza también para introducir una pregunta indirecta. Ejemplo:
    Me preguntó ***si no*** *había recogido ya las notas.*
- ¿Cuándo se utiliza ***sino***?
  - ✔ *Sino* se utiliza para indicar una oposición o un contraste con lo dicho anteriormente. Ejemplo:
    No lo hizo su padre, ***sino*** *su hermano.*
  - ✔ *Sino* se utiliza también cuando se puede sustituir por "destino". Ejemplo:
    Es su ***sino****, siempre se encuentra a alguien conocido en el extranjero.*
- ¿Cuándo se utiliza ***de más***?
  De más se utiliza para decir que hay algo que sobra. Ejemplo:
  Me ha dado usted cien pesetas ***de más****.*
- ¿Cuándo se utiliza ***demás***?
  Demás se utiliza cuando se puede sustituir por "el resto, otros...". Ejemplo:
  Los ***demás*** *no han llegado aún.*

¡Recuerda!

Estas palabras se escriben **siempre** separadas:	Estas palabras se escriben **siempre** juntas:
si no (= en caso de que no)	sino (= pero; destino)
de más (= de sobra, en exceso)	demás (= el resto, los otros)

Ejercicios

1. Completa estas oraciones con *si no* o *sino*.

- No he visto "una luz", ________ "un alud".
- ________ vienes mañana, te perderás la fiesta de disfraces.
- A Adela siempre le pasa algo en vacaciones, es su ________
- Puedes escuchar música ________ pones el volumen muy alto.

2. Completa estas oraciones con *de más* o *demás*.

- Vimos solo algunos cuadros, los ________ estaban restaurándose.
- En la fiesta de Laura había comida ________
- Tú nunca estás ________
- A su comunión fueron sus padres, abuelos y ________ familia.

3. Completa estos eslóganes publicitarios con *si no*, *sino*, *de más* o *demás*.

¡Regálasela! Una nueva colonia nunca está ________

Tu ________ es llevarla siempre encima.

________ la tienes, lo lamentarás.

¿A qué esperas? Los ________ ya la han comprado.

Dictado

Lee este dictado y fíjate en las palabras marcadas:

Este es el Gran Circo del Mundo Animal. Los miembros de la compañía no son personas, **sino** animales. ¿Te imaginas? El jefe de pista es un pingüino. Los payasos son monos y el equilibrista, un oso que **si no** mantiene el equilibrio cae en una gigantesca tela de araña. Los **demás** miembros son jirafas, elefantes, focas y pavos reales. Ayer hubo una actuación **de más**. El pulpo hizo una demostración de su habilidad con los juegos malabares. ¡Qué rapidez! ¡Sus tentáculos parecían las aspas de un helicóptero!

Hay, ahí, ay; ha, ah, a

Hay, ahí, ay; ha, ah, a. *Estos dos grupos de palabras se parecen en la pronunciación, pero se escriben de forma distinta y tienen significado diferente. En esta ficha aprenderás a usar estas palabras correctamente.*

Para aprender

Hay, ahí, ay

- ¿Cuándo se utiliza ***hay***?
  Hay es una forma del verbo *haber*. Ejemplo:
  La fuente que ***hay*** *en la plaza se está secando.*
- ¿Cuándo se utiliza ***ay***?
  Ay se utiliza en exclamaciones para expresar dolor, sorpresa, admiración o disgusto. Ejemplo:
  *¡**Ay**! Me he dado un golpe en la rodilla.*
- ¿Cuándo se utiliza ***ahí***?
  Ahí se utiliza para referirse a un lugar. Ejemplo:
  Ahí *fue donde nos vimos por primera vez.*

Ha, ah, a

- ¿Cuándo se utiliza ***ha***?
  Ha es una forma del verbo *haber*. Ejemplo:
  Todavía no ***ha*** *encontrado los guantes que se le perdieron.*
- ¿Cuándo se utiliza ***ah***?
  Ah se utiliza en exclamaciones para expresar pena, admiración o sorpresa. Ejemplo:
  *¡**Ah**, qué lástima!*
- ¿Cuándo se utiliza ***a***?
  A se utiliza para indicar lugar, tiempo... Ejemplo:
  He llegado aquí ***a*** *las doce en punto.*

¡Recuerda!

Estas palabras se utilizan siempre en exclamaciones:

¡Ah!
¡Ay!

Estas palabras son formas verbales del verbo *haber*:

Ha
Hay

Ejercicios

1. Completa estas oraciones con *hay*, *ay* o *ahí*.

- ¡____! ¡Qué dolor de muelas!
- ____ lugares donde llueve poco.
- Deja las gafas ____, donde yo las vea.
- ____ nunca ____ lo que yo busco.

2. Completa estas oraciones con *ha*, *ah* o *a*.

- Todos los caminos llevan ____ Roma.
- ____ dicho que vendría ____ las once ____ la escuela.
- ¡____! ¡Qué lástima que no hayas venido ____ vernos!
- Nos ____ contado que ____ viajado por todo el Mediterráneo y que ____ visto sirenas.
- ¡____! Te ____ llamado Juan esta tarde.

3. Descifra el mensaje de cada cuadro con ayuda de las pistas.

◆ verbo ❍ lugar ■ exclamación

HAY, AY, AHÍ	HA, AH, A
¡■! ❍ ◆ un rinoceronte.	¡■! ◆ ido ❍ París sin avisar.

■ **Inventa mensajes parecidos a estos utilizando los símbolos anteriores.**

Dictado

Lee este dictado y fíjate en las palabras marcadas:

¡**Ay**, qué bien! Ya **ha** dejado de llover, así que mañana iremos de excursión **a** la montaña **a** recoger setas. Como **hay** algunas setas venenosas el profesor nos va **a** explicar qué setas no se pueden coger. ¡**Ah**, se me olvidaba! Saldremos **a** las nueve de la mañana de la plaza del pueblo y desde **ahí** cogeremos el camino que sube **a** la ermita. Espero que podáis venir. No olvidéis la cantimplora, una cesta para las setas y la cámara de fotos. ¡Qué bien nos lo vamos **a** pasar!

Haya, halla, aya; haber, a ver, a haber

Haya, halla, aya; haber, a ver, a haber. *Estos grupos de palabras se pronuncian igual, pero tienen un significado diferente y se escriben de forma distinta. En esta ficha aprenderás cuándo debes usar cada una de estas palabras.*

Para aprender

Haya, halla, aya

- ¿Cuándo se utiliza ***haya***?
  - ✔ *Haya* es una forma del verbo *haber*. Ejemplo:
    *No creo que **haya** mucha gente en el parque porque está lloviendo.*
  - ✔ *Haya* es también el nombre de un árbol. Ejemplo:
    *Mi abuela tiene un **haya** centenaria enfrente de su casa.*
- ¿Cuándo se utiliza ***halla***?
  Halla es una forma del verbo *hallar*. Ejemplo:
  *Mi hermano nunca **halla** la solución a los problemas de matemáticas.*
- ¿Cuándo se utiliza ***aya***?
  Aya se utiliza cuando se puede sustituir por *niñera*. Ejemplo:
  *A mi vecino de tres años le cuida todas las mañanas un **aya**.*

Haber, a ver, a haber

- ¿Cuándo se utiliza ***haber***?
  Haber es el infinitivo del verbo *haber*. Ejemplo:
  *Tiene que **haber** más lápices de colores dentro del estuche.*
- ¿Cuándo se utiliza ***a ver***?
  A ver es un grupo de palabras formado por "a + el verbo *ver*". Ejemplo:
  *Vamos al lago **a ver** la puesta de sol.*
- ¿Cuándo se utiliza ***a haber***?
  A haber es un grupo de palabras formado por "a + el verbo *haber*". Ejemplo:
  *Han dicho que va **a haber** un vendaval muy fuerte este fin de semana.*

ATENCIÓN

- La forma *halla* siempre se puede sustituir por *encuentra*, nunca por *encuentre*.

Ejercicios

1. Completa estas oraciones con *haya*, *halla* o *aya*.

- En cuanto ______ un poco más de gente podremos irnos.
- Gracias al ______ el niño no se quemó con una cerilla.
- Este verano se ha secado el ______ de la plaza del pueblo.
- En mi familia cuando alguien se ______ en un problema nos lo cuenta a todos.

2. Completa estas oraciones con *haber*, *a ver* o *a haber*.

- ______ si entre todos encontramos la solución.
- Al ______ tanta contaminación respirar no es muy agradable aquí.
- Voy ______ cuántos deberes me quedan por hacer.
- Creíamos ______ acabado, pero va ______ que trabajar más aún.

3. Rellena las aspas del molino con las palabras que has aprendido en esta ficha.

1. Forma del verbo *hallar.*
2. Nombre de árbol.
3. Existir.

1. Sinónimo de niñera.
2. A + existir.
3. A + observar.

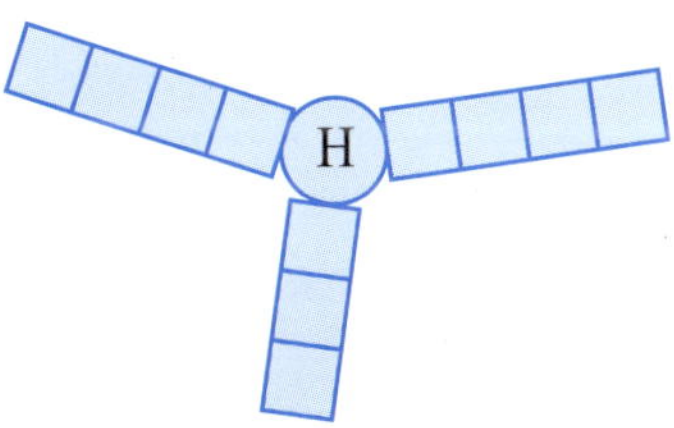

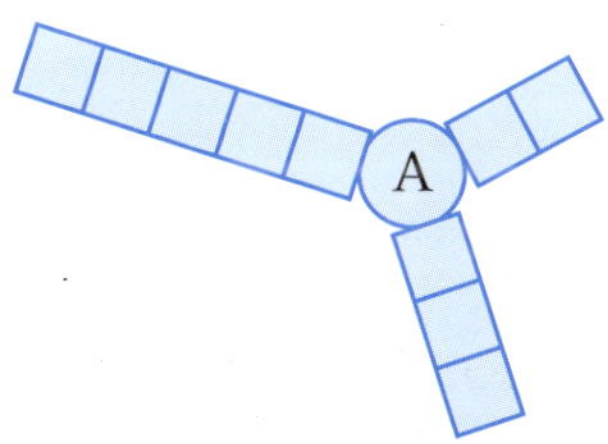

Dictado

Lee este dictado y fíjate en las palabras marcadas:

En la estación del tren dieron este mensaje por megafonía:
"**A ver**, atentos todos, por favor. Quien **haya** encontrado un grillo, que lo comunique inmediatamente al jefe de estación. Normalmente es un animal tranquilo, pero cuando se **halla** perdido puede ser muy escandaloso. Va **a haber** que registrar todos los equipajes. Lamentamos las molestias y esperamos no **haber** asustado a nadie."
¡Menudo lío se armó hasta que apareció el grillo!

La conjugación

SER

FORMAS PERSONALES

MODO INDICATIVO

Formas simples

Presente

yo	soy
tú	eres
él	es
nosotros	somos
vosotros	sois
ellos	son

Pretérito imperfecto

yo	era
tú	eras
él	era
nosotros	éramos
vosotros	erais
ellos	eran

Pretérito perfecto simple

yo	fui
tú	fuiste
él	fue
nosotros	fuimos
vosotros	fuisteis
ellos	fueron

Futuro imperfecto

yo	seré
tú	serás
él	será
nosotros	seremos
vosotros	seréis
ellos	serán

Condicional simple

yo	sería
tú	serías
él	sería
nosotros	seríamos
vosotros	seríais
ellos	serían

MODO SUBJUNTIVO

Formas simples

Presente

yo	sea
tú	seas
él	sea
nosotros	seamos
vosotros	seáis
ellos	sean

Pretérito imperfecto

yo	fuera o fuese
tú	fueras o fueses
él	fuera o fuese
nosotros	fuéramos o fuésemos
vosotros	fuerais o fueseis
ellos	fueran o fuesen

Futuro imperfecto

yo	fuere
tú	fueres
él	fuere
nosotros	fuéremos
vosotros	fuereis
ellos	fueren

FORMAS NO PERSONALES

	simples	compuestas
infinitivo	ser	haber sido
participio	sido	-
gerundio	siendo	habiendo sido

HABER

FORMAS PERSONALES

MODO INDICATIVO

Formas simples

Presente

yo	he
tú	has
él	ha
nosotros	hemos
vosotros	habéis
ellos	han

Pretérito imperfecto

yo	había
tú	habías
él	había
nosotros	habíamos
vosotros	habíais
ellos	habían

Pretérito perfecto simple

yo	hube
tú	hubiste
él	hubo
nosotros	hubimos
vosotros	hubisteis
ellos	hubieron

Futuro imperfecto

yo	habré
tú	habrás
él	habrá
nosotros	habremos
vosotros	habréis
ellos	habrán

Condicional simple

yo	habría
tú	habrías
él	habría
nosotros	habríamos
vosotros	habríais
ellos	habrían

MODO SUBJUNTIVO

Formas simples

Presente

yo	haya
tú	hayas
él	haya
nosotros	hayamos
vosotros	hayáis
ellos	hayan

Pretérito imperfecto

yo	hubiera o hubiese
tú	hubieras o hubieses
él	hubiera o hubiese
nosotros	hubiéramos o hubiésemos
vosotros	hubierais o hubieseis
ellos	hubieran o hubiesen

Futuro imperfecto

yo	hubiere
tú	hubieres
él	hubiere
nosotros	hubiéremos
vosotros	hubiereis
ellos	hubieren

FORMAS NO PERSONALES

	simples	compuestas
infinitivo	haber	haber habido
participio	habido	-
gerundio	habiendo	habiendo habido

MODELO 1.ª CONJUGACIÓN

CANTAR

FORMAS PERSONALES

MODO INDICATIVO

Formas simples		Formas compuestas	
Presente		**Pretérito perfecto compuesto**	
yo	canto	yo	he cantado
tú	cantas	tú	has cantado
él	canta	él	ha cantado
nos.	cantamos	nos.	hemos cantado
vos.	cantáis	vos.	habéis cantado
ellos	cantan	ellos	han cantado
Pretérito imperfecto		**Pretérito pluscuamperfecto**	
yo	cantaba	yo	había cantado
tú	cantabas	tú	habías cantado
él	cantaba	él	había cantado
nos.	cantábamos	nos.	habíamos cantado
vos.	cantabais	vos.	habíais cantado
ellos	cantaban	ellos	habían cantado
Pretérito perfecto simple		**Pretérito anterior**	
yo	canté	yo	hube cantado
tú	cantaste	tú	hubiste cantado
él	cantó	él	hubo cantado
nos.	cantamos	nos.	hubimos cantado
vos.	cantasteis	vos.	hubisteis cantado
ellos	cantaron	ellos	hubieron cantado
Futuro imperfecto		**Futuro perfecto**	
yo	cantaré	yo	habré cantado
tú	cantarás	tú	habrás cantado
él	cantará	él	habrá cantado
nos.	cantaremos	nos.	habremos cantado
vos.	cantaréis	vos.	habréis cantado
ellos	cantarán	ellos	habrán cantado
Condicional simple		**Condicional compuesto**	
yo	cantaría	yo	habría cantado
tú	cantarías	tú	habrías cantado
él	cantaría	él	habría cantado
nos.	cantaríamos	nos.	habríamos cantado
vos.	cantaríais	vos.	habríais cantado
ellos	cantarían	ellos	habrían cantado

MODO SUBJUNTIVO

Formas simples		Formas compuestas	
Presente		**Pretérito perfecto compuesto**	
yo	cante	yo	haya cantado
tú	cantes	tú	hayas cantado
él	cante	él	haya cantado
nos.	cantemos	nos.	hayamos cantado
vos.	cantéis	vos.	hayáis cantado
ellos	canten	ellos	hayan cantado
Pretérito imperfecto		**Pretérito pluscuamperfecto**	
yo	cantara o cantase	yo	hubiera o hubiese cantado
tú	cantaras o cantases	tú	hubieras o hubieses cantado
él	cantara o cantase	él	hubiera o hubiese cantado
nos.	cantáramos o cantásemos	nos.	hubiéramos o hubiésemos cantado
vos.	cantarais o cantaseis	vos.	hubierais o hubieseis cantado
ellos	cantaran o cantasen	ellos	hubieran o hubiesen cantado
Futuro imperfecto		**Futuro perfecto**	
yo	cantare	yo	hubiere cantado
tú	cantares	tú	hubieres cantado
él	cantare	él	hubiere cantado
nos.	cantáremos	nos.	hubiéremos cantado
vos.	cantareis	vos.	hubiereis cantado
ellos	cantaren	ellos	hubieren cantado

MODO IMPERATIVO

canta	(tú)
cante	(usted)
cantemos	(nosotros)
cantad	(vosotros)
canten	(ustedes)

FORMAS NO PERSONALES

	simples	compuestas
infinitivo	cantar	haber cantado
participio	cantado	-
gerundio	cantando	habiendo cantado

CORRER

FORMAS PERSONALES

MODO INDICATIVO

Formas simples		Formas compuestas	
Presente		**Pretérito perfecto compuesto**	
yo	corro	yo	he corrido
tú	corres	tú	has corrido
él	corre	él	ha corrido
nos.	corremos	nos.	hemos corrido
vos.	corréis	vos.	habéis corrido
ellos	corren	ellos.	han corrido
Pretérito imperfecto		**Pretérito pluscuamperfecto**	
yo	corría	yo	había corrido
tú	corrías	tú	habías corrido
él	corría	él	había corrido
nos.	corríamos	nos.	habíamos corrido
vos.	corríais	vos.	habíais corrido
ellos	corrían	ellos	habían corrido
Pretérito perfecto simple		**Pretérito anterior**	
yo	corrí	yo	hube corrido
tú	corriste	tú	hubiste corrido
él	corrió	él	hubo corrido
nos.	corrimos	nos.	hubimos corrido
vos.	corristeis	vos.	hubisteis corrido
ellos	corrieron	ellos	hubieron corrido
Futuro imperfecto		**Futuro perfecto**	
yo	correré	yo	habré corrido
tú	correrás	tú	habrás corrido
él	correrá	él	habrá corrido
nos.	correremos	nos.	habremos corrido
vos.	correréis	vos.	habréis corrido
ellos	correrán	ellos	habrán corrido
Condicional simple		**Condicional compuesto**	
yo	correría	yo	habría corrido
tú	correrías	tú	habrías corrido
él	correría	él	habría corrido
nos.	correríamos	nos.	habríamos corrido
vos.	correríais	vos.	habríais corrido
ellos	correrían	ellos	habrían corrido

MODO SUBJUNTIVO

Formas simples		Formas compuestas	
Presente		**Pretérito perfecto compuesto**	
yo	corra	yo	haya corrido
tú	corras	tú	hayas corrido
él	corra	él	haya corrido
nos.	corramos	nos.	hayamos corrido
vos.	corráis	vos.	hayáis corrido
ellos	corran	ellos.	hayan corrido
Pretérito imperfecto		**Pretérito pluscuamperfecto**	
yo	corriera o corriese	yo	hubiera o hubiese corrido
tú	corrieras o corrieses	tú	hubieras o hubieses corrido
él	corriera o corriese	él	hubiera o hubiese corrido
nos.	corriéramos o corriésemos	nos.	hubiéramos o hubiésemos corrido
vos.	corrierais o corrieseis	vos.	hubierais o hubieseis corrido
ellos	corrieran o corriesen	ellos	hubieran o hubiesen corrido
Futuro imperfecto		**Futuro perfecto**	
yo	corriere	yo	hubiere corrido
tú	corrieres	tú	hubieres corrido
él	corriere	él	hubiere corrido
nos.	corriéremos	nos.	hubiéremos corrido
vos.	corriereis	vos.	hubiereis corrido
ellos	corrieren	ellos	hubieren corrido

MODO IMPERATIVO

corre (tú)
corra (usted)
corramos (nosotros)
corred (vosotros)
corran (ustedes)

FORMAS NO PERSONALES

	simples	compuestas
infinitivo	correr	haber corrido
participio	corrido	-
gerundio	corriendo	habiendo corrido

SUBIR

FORMAS PERSONALES

MODO INDICATIVO

Formas simples		Formas compuestas	
Presente		**Pretérito perfecto compuesto**	
yo	subo	yo	he subido
tú	subes	tú	has subido
él	sube	él	ha subido
nos.	subimos	nos.	hemos subido
vos.	subís	vos.	habéis subido
ellos	suben	ellos	han subido
Pretérito imperfecto		**Pretérito pluscuamperfecto**	
yo	subía	yo	había subido
tú	subías	tú	habías subido
él	subía	él	había subido
nos.	subíamos	nos.	habíamos subido
vos.	subíais	vos.	habíais subido
ellos	subían	ellos	habían subido
Pretérito perfecto simple		**Pretérito anterior**	
yo	subí	yo	hube subido
tú	subiste	tú	hubiste subido
él	subió	él	hubo subido
nos.	subimos	nos.	hubimos subido
vos.	subisteis	vos.	hubisteis subido
ellos	subieron	ellos	hubieron subido
Futuro imperfecto		**Futuro perfecto**	
yo	subiré	yo	habré subido
tú	subirás	tú	habrás subido
él	subirá	él	habrá subido
nos.	subiremos	nos.	habremos subido
vos.	subiréis	vos.	habréis subido
ellos	subirán	ellos	habrán subido
Condicional simple		**Condicional compuesto**	
yo	subiría	yo	habría subido
tú	subirías	tú	habrías subido
él	subiría	él	habría subido
nos.	subiríamos	nos.	habríamos subido
vos.	subiríais	vos.	habríais subido
ellos	subirían	ellos	habrían subido

MODO SUBJUNTIVO

Formas simples		Formas compuestas	
Presente		**Pretérito perfecto compuesto**	
yo	suba	yo	haya subido
tú	subas	tú	hayas subido
él	suba	él	haya subido
nos.	subamos	nos.	hayamos subido
vos.	subáis	vos.	hayáis subido
ellos	suban	ellos	hayan subido
Pretérito imperfecto		**Pretérito pluscuamperfecto**	
yo	subiera o subiese	yo	hubiera o hubiese subido
tú	subieras o subieses	tú	hubieras o hubieses subido
él	subiera o subiese	él	hubiera o hubiese subido
nos.	subiéramos o subiésemos	nos.	hubiéramos o hubiésemos subido
vos.	subierais o subieseis	vos.	hubierais o hubieseis subido
ellos	subieran o subiesen	ellos	hubieran o hubiesen subido
Futuro imperfecto		**Futuro perfecto**	
yo	subiere	yo	hubiere subido
tú	subieres	tú	hubieres subido
él	subiere	él	hubiere subido
nos.	subiéremos	nos.	hubiéremos subido
vos.	subiereis	vos.	hubiereis subido
ellos	subieren	ellos	hubieren subido

MODO IMPERATIVO

sube	(tú)
suba	(usted)
subamos	(nosotros)
subid	(vosotros)
suban	(ustedes)

FORMAS NO PERSONALES

	simples	compuestas
infinitivo	subir	haber subido
participio	subido	-
gerundio	subiendo	habiendo subido

ESTAR

FORMAS PERSONALES

MODO INDICATIVO

Formas simples	Formas compuestas
Presente	**Pretérito perfecto compuesto**
yo estoy	yo he estado
tú estás	tú has estado
él está	él ha estado
nos. estamos	nos. hemos estado
vos. estáis	vos. habéis estado
ellos están	ellos han estado
Pretérito imperfecto	**Pretérito pluscuamperfecto**
yo estaba	yo había estado
tú estabas	tú habías estado
él estaba	él había estado
nos. estábamos	nos. habíamos estado
vos. estabais	vos. habíais estado
ellos estaban	ellos habían estado
Pretérito perfecto simple	**Pretérito anterior**
yo estuve	yo hube estado
tú estuviste	tú hubiste estado
él estuvo	él hubo estado
nos. estuvimos	nos. hubimos estado
vos. estuvisteis	vos. hubisteis estado
ellos estuvieron	ellos hubieron estado
Futuro imperfecto	**Futuro perfecto**
yo estaré	yo habré estado
tú estarás	tú habrás estado
él estará	él habrá estado
nos. estaremos	nos. habremos estado
vos. estaréis	vos. habréis estado
ellos estarán	ellos habrán estado
Condicional simple	**Condicional compuesto**
yo estaría	yo habría estado
tú estarías	tú habrías estado
él estaría	él habría estado
nos. estaríamos	nos. habríamos estado
vos. estaríais	vos. habríais estado
ellos estarían	ellos habrían estado

MODO SUBJUNTIVO

Formas simples	Formas compuestas
Presente	**Pretérito perfecto compuesto**
yo esté	yo haya estado
tú estés	tú hayas estado
él esté	él haya estado
nos. estemos	nos. hayamos estado
vos. estéis	vos. hayáis estado
ellos estén	ellos hayan estado
Pretérito imperfecto	**Pretérito pluscuamperfecto**
yo estuviera o estuviese	yo hubiera o hubiese estado
tú estuvieras o estuvieses	tú hubieras o hubieses estado
él estuviera o estuviese	él hubiera o hubiese estado
nos. estuviéramos o estuviésemos	nos. hubiéramos o hubiésemos estado
vos. estuvierais o estuvieseis	vos. hubierais o hubieseis estado
ellos estuvieran o estuviesen	ellos hubieran o hubiesen estado
Futuro imperfecto	**Futuro perfecto**
yo estuviere	yo hubiere estado
tú estuvieres	tú hubieres estado
él estuviere	él hubiere estado
nos. estuviéremos	nos. hubiéremos estado
vos. estuviereis	vos. hubiereis estado
ellos estuvieren	ellos hubieren estado

MODO IMPERATIVO

está	(tú)
esté	(usted)
estemos	(nosotros)
estad	(vosotros)
estén	(ustedes)

FORMAS NO PERSONALES

	simples	compuestas
infinitivo	estar	haber estado
participio	estado	-
gerundio	estando	habiendo estado

QUERER

FORMAS PERSONALES

MODO INDICATIVO

Formas simples		Formas compuestas	
Presente		**Pretérito perfecto compuesto**	
yo	quiero	yo	he querido
tú	quieres	tú	has querido
él	quiere	él	ha querido
nos.	queremos	nos.	hemos querido
vos.	queréis	vos.	habéis querido
ellos	quieren	ellos	han querido
Pretérito imperfecto		**Pretérito pluscuamperfecto**	
yo	quería	yo	había querido
tú	querías	tú	habías querido
él	quería	él	había querido
nos.	queríamos	nos.	habíamos querido
vos.	queríais	vos.	habíais querido
ellos	querían	ellos	habían querido
Pretérito perfecto simple		**Pretérito anterior**	
yo	quise	yo	hube querido
tú	quisiste	tú	hubiste querido
él	quiso	él	hubo querido
nos.	quisimos	nos.	hubimos querido
vos.	quisisteis	vos.	hubisteis querido
ellos	quisieron	ellos	hubieron querido
Futuro imperfecto		**Futuro perfecto**	
yo	querré	yo	habré querido
tú	querrás	tú	habrás querido
él	querrá	él	habrá querido
nos.	querremos	nos.	habremos querido
vos.	querréis	vos.	habréis querido
ellos	querrán	ellos	habrán querido
Condicional simple		**Condicional compuesto**	
yo	querría	yo	habría querido
tú	querrías	tú	habrías querido
él	querría	él	habría querido
nos.	querríamos	nos.	habríamos querido
vos.	querríais	vos.	habríais querido
ellos	querrían	ellos	habrían querido

MODO SUBJUNTIVO

Formas simples		Formas compuestas	
Presente		**Pretérito perfecto compuesto**	
yo	quiera	yo	haya querido
tú	quieras	tú	hayas querido
él	quiera	él	haya querido
nos.	queramos	nos.	hayamos querido
vos.	queráis	vos.	hayáis querido
ellos	quieran	ellos	hayan querido
Pretérito imperfecto		**Pretérito pluscuamperfecto**	
yo	quisiera o quisiese	yo	hubiera o hubiese querido
tú	quisieras o quisieses	tú	hubieras o hubieses querido
él	quisiera o quisiese	él	hubiera o hubiese querido
nos.	quisiéramos o quisiésemos	nos.	hubiéramos o hubiésemos querido
vos.	quisierais o quisieseis	vos.	hubierais o hubieseis querido
ellos	quisieran o quisiesen	ellos	hubieran o hubiesen querido
Futuro imperfecto		**Futuro perfecto**	
yo	quisiere	yo	hubiere querido
tú	quisieres	tú	hubieres querido
él	quisiere	él	hubiere querido
nos.	quisiéremos	nos.	hubiéremos querido
vos.	quisiereis	vos.	hubiereis querido
ellos	quisieren	ellos	hubieren querido

MODO IMPERATIVO

quiere	(tú)
quiera	(usted)
queramos	(nosotros)
quered	(vosotros)
quieran	(ustedes)

FORMAS NO PERSONALES

	simples	compuestas
infinitivo	querer	haber querido
participio	querido	-
gerundio	queriendo	habiendo querido

DORMIR

FORMAS PERSONALES

MODO INDICATIVO

Formas simples		Formas compuestas	
Presente		**Pretérito perfecto compuesto**	
yo	duermo	yo	he dormido
tú	duermes	tú	has dormido
él	duerme	él	ha dormido
nos.	dormimos	nos.	hemos dormido
vos.	dormís	vos.	habéis dormido
ellos	duermen	ellos	han dormido
Pretérito imperfecto		**Pretérito pluscuamperfecto**	
yo	dormía	yo	había dormido
tú	dormías	tú	habías dormido
él	dormía	él	había dormido
nos.	dormíamos	nos.	habíamos dormido
vos.	dormíais	vos.	habíais dormido
ellos	dormían	ellos	habían dormido
Pretérito perfecto simple		**Pretérito anterior**	
yo	dormí	yo	hube dormido
tú	dormiste	tú	hubiste dormido
él	durmió	él	hubo dormido
nos.	dormimos	nos.	hubimos dormido
vos.	dormisteis	vos.	hubisteis dormido
ellos	durmieron	ellos	hubieron dormido
Futuro imperfecto		**Futuro perfecto**	
yo	dormiré	yo	habré dormido
tú	dormirás	tú	habrás dormido
él	dormirá	él	habrá dormido
nos.	dormiremos	nos.	habremos dormido
vos.	dormiréis	vos.	habréis dormido
ellos	dormirán	ellos	habrán dormido
Condicional simple		**Condicional compuesto**	
yo	dormiría	yo	habría dormido
tú	dormirías	tú	habrías dormido
él	dormiría	él	habría dormido
nos.	dormiríamos	nos.	habríamos dormido
vos.	dormiríais	vos.	habríais dormido
ellos	dormirían	ellos	habrían dormido

MODO SUBJUNTIVO

Formas simples		Formas compuestas	
Presente		**Pretérito perfecto compuesto**	
yo	duerma	yo	haya dormido
tú	duermas	tú	hayas dormido
él	duerma	él	haya dormido
nos.	durmamos	nos.	hayamos dormido
vos.	durmáis	vos.	hayáis dormido
ellos	duerman	ellos	hayan dormido
Pretérito imperfecto		**Pretérito pluscuamperfecto**	
yo	durmiera o durmiese	yo	hubiera o hubiese dormido
tú	durmieras o durmieses	tú	hubieras o hubieses dormido
él	durmiera o durmiese	él	hubiera o hubiese dormido
nos.	durmiéramos o durmiésemos	nos.	hubiéramos o hubiésemos dormido
vos.	durmierais o durmieseis	vos.	hubierais o hubieseis dormido
ellos	durmieran o durmiesen	ellos	hubieran o hubiesen dormido
Futuro imperfecto		**Futuro perfecto**	
yo	durmiere	yo	hubiere dormido
tú	durmieres	tú	hubieres dormido
él	durmiere	él	hubiere dormido
nos.	durmiéremos	nos.	hubiéremos dormido
vos.	durmiereis	vos.	hubiereis dormido
ellos	durmieren	ellos	hubieren dormido

MODO IMPERATIVO

duerme	(tú)
duerma	(usted)
durmamos	(nosotros)
dormid	(vosotros)
duerman	(ustedes)

FORMAS NO PERSONALES

	simples	compuestas
infinitivo	dormir	haber dormido
participio	dormido	-
gerundio	durmiendo	habiendo dormido

PEDIR

FORMAS PERSONALES

MODO INDICATIVO

Formas simples	Formas compuestas
Presente	**Pretérito perfecto compuesto**
yo pido	yo he pedido
tú pides	tú has pedido
él pide	él ha pedido
nos. pedimos	nos. hemos pedido
vos. pedís	vos. habéis pedido
ellos piden	ellos han pedido
Pretérito imperfecto	**Pretérito pluscuamperfecto**
yo pedía	yo había pedido
tú pedías	tú habías pedido
él pedía	él había pedido
nos. pedíamos	nos. habíamos pedido
vos. pedíais	vos. habíais pedido
ellos pedían	ellos habían pedido
Pretérito perfecto simple	**Pretérito anterior**
yo pedí	yo hube pedido
tú pediste	tú hubiste pedido
él pidió	él hubo pedido
nos. pedimos	nos. hubimos pedido
vos. pedisteis	vos. hubisteis pedido
ellos pidieron	ellos hubieron pedido
Futuro imperfecto	**Futuro perfecto**
yo pediré	yo habré pedido
tú pedirás	tú habrás pedido
él pedirá	él habrá pedido
nos. pediremos	nos. habremos pedido
vos. pediréis	vos. habréis pedido
ellos pedirán	ellos habrán pedido
Condicional simple	**Condicional compuesto**
yo pediría	yo habría pedido
tú pedirías	tú habrías pedido
él pediría	él habría pedido
nos. pediríamos	nos. habríamos pedido
vos. pediríais	vos. habríais pedido
ellos pedirían	ellos habrían pedido

MODO SUBJUNTIVO

Formas simples	Formas compuestas
Presente	**Pretérito perfecto compuesto**
yo pida	yo haya pedido
tú pidas	tú hayas pedido
él pida	él haya pedido
nos. pidamos	nos. hayamos pedido
vos. pidáis	vos. hayáis pedido
ellos pidan	ellos hayan pedido
Pretérito imperfecto	**Pretérito pluscuamperfecto**
yo pidiera o pidiese	yo hubiera o hubiese pedido
tú pidieras o pidieses	tú hubieras o hubieses pedido
él pidiera o pidiese	él hubiera o hubiese pedido
nos. pidiéramos o pidiésemos	nos. hubiéramos o hubiésemos pedido
vos. pidierais o pidieseis	vos. hubierais o hubieseis pedido
ellos pidieran o pidiesen	ellos hubieran o hubiesen pedido
Futuro imperfecto	**Futuro perfecto**
yo pidiere	yo hubiere pedido
tú pidieres	tú hubieres pedido
él pidiere	él hubiere pedido
nos. pidiéremos	nos. hubiéremos pedido
vos. pidiereis	vos. hubiereis pedido
ellos pidieren	ellos hubieren pedido

MODO IMPERATIVO

pide (tú)
pida (usted)
pidamos (nosotros)
pedid (vosotros)
pidan (ustedes)

FORMAS NO PERSONALES

	simples	compuestas
infinitivo	pedir	haber pedido
participio	pedido	-
gerundio	pidiendo	habiendo pedido

PODER

FORMAS PERSONALES

MODO INDICATIVO

Formas simples	Formas compuestas
Presente	**Pretérito perfecto compuesto**
yo puedo	yo he podido
tú puedes	tú has podido
él puede	él ha podido
nos. podemos	nos. hemos podido
vos. podéis	vos. habéis podido
ellos pueden	ellos han podido
Pretérito imperfecto	**Pretérito pluscuamperfecto**
yo podía	yo había podido
tú podías	tú habías podido
él podía	él había podido
nos. podíamos	nos. habíamos podido
vos. podíais	vos. habíais podido
ellos podían	ellos habían podido
Pretérito perfecto simple	**Pretérito anterior**
yo pude	yo hube podido
tú pudiste	tú hubiste podido
él pudo	él hubo podido
nos. pudimos	nos. hubimos podido
vos. pudisteis	vos. hubisteis podido
ellos pudieron	ellos hubieron podido
Futuro imperfecto	**Futuro perfecto**
yo podré	yo habré podido
tú podrás	tú habrás podido
él podrá	él habrá podido
nos. podremos	nos. habremos podido
vos. podréis	vos. habréis podido
ellos podrán	ellos habrán podido
Condicional simple	**Condicional compuesto**
yo podría	yo habría podido
tú podrías	tú habrías podido
él podría	él habría podido
nos. podríamos	nos. habríamos podido
vos. podríais	vos. habríais podido
ellos podrían	ellos habrían podido

MODO SUBJUNTIVO

Formas simples	Formas compuestas
Presente	**Pretérito perfecto compuesto**
yo pueda	yo haya podido
tú puedas	tú hayas podido
él pueda	él haya podido
nos. podamos	nos. hayamos podido
vos. podáis	vos. hayáis podido
ellos puedan	ellos hayan podido
Pretérito imperfecto	**Pretérito pluscuamperfecto**
yo pudiera o pudiese	yo hubiera o hubiese podido
tú pudieras o pudieses	tú hubieras o hubieses podido
él pudiera o pudiese	él hubiera o hubiese podido
nos. pudiéramos o pudiésemos	nos. hubiéramos o hubiésemos podido
vos. pudierais o pudieseis	vos. hubierais o hubieseis podido
ellos pudieran o pudiesen	ellos hubieran o hubiesen podido
Futuro imperfecto	**Futuro perfecto**
yo pudiere	yo hubiere podido
tú pudieres	tú hubieres podido
él pudiere	él hubiere podido
nos. pudiéremos	nos. hubiéremos podido
vos. pudiereis	vos. hubiereis podido
ellos pudieren	ellos hubieren podido

MODO IMPERATIVO

puede (tú)
pueda (usted)
podamos (nosotros)
poded (vosotros)
puedan (ustedes)

FORMAS NO PERSONALES

	simples	compuestas
infinitivo	poder	haber podido
participio	podido	-
gerundio	pudiendo	habiendo podido

ANDAR

FORMAS PERSONALES

MODO INDICATIVO

Formas simples		Formas compuestas	
Presente		**Pretérito perfecto compuesto**	
yo	ando	yo	he andado
tú	andas	tú	has andado
él	anda	él	ha andado
nos.	andamos	nos.	hemos andado
vos.	andáis	vos.	habéis andado
ellos	andan	ellos	han andado
Pretérito imperfecto		**Pretérito pluscuamperfecto**	
yo	andaba	yo	había andado
tú	andabas	tú	habías andado
él	andaba	él	había andado
nos.	andábamos	nos.	habíamos andado
vos.	andabais	vos.	habíais andado
ellos	andaban	ellos	habían andado
Pretérito perfecto simple		**Pretérito anterior**	
yo	anduve	yo	hube andado
tú	anduviste	tú	hubiste andado
él	anduvo	él	hubo andado
nos.	anduvimos	nos.	hubimos andado
vos.	anduvisteis	vos.	hubisteis andado
ellos	anduvieron	ellos	hubieron andado
Futuro imperfecto		**Futuro perfecto**	
yo	andaré	yo	habré andado
tú	andarás	tú	habrás andado
él	andará	él	habrá andado
nos.	andaremos	nos.	habremos andado
vos.	andaréis	vos.	habréis andado
ellos	andarán	ellos	habrán andado
Condicional simple		**Condicional compuesto**	
yo	andaría	yo	habría andado
tú	andarías	tú	habrías andado
él	andaría	él	habría andado
nos.	andaríamos	nos.	habríamos andado
vos.	andaríais	vos.	habríais andado
ellos	andarían	ellos	habrían andado

MODO SUBJUNTIVO

Formas simples		Formas compuestas	
Presente		**Pretérito perfecto compuesto**	
yo	ande	yo	haya andado
tú	andes	tú	hayas andado
él	ande	él	haya andado
nos.	andemos	nos.	hayamos andado
vos.	andéis	vos.	hayáis andado
ellos	anden	ellos	hayan andado
Pretérito imperfecto		**Pretérito pluscuamperfecto**	
yo	anduviera o anduviese	yo	hubiera o hubiese andado
tú	anduvieras o anduvieses	tú	hubieras o hubieses andado
él	anduviera o anduviese	él	hubiera o hubiese andado
nos.	anduviéramos o anduviésemos	nos.	hubiéramos o hubiésemos andado
vos.	anduvierais o anduvieseis	vos.	hubierais o hubieseis andado
ellos	anduvieran o anduviesen	ellos	hubieran o hubiesen andado
Futuro imperfecto		**Futuro perfecto**	
yo	anduviere	yo	hubiere andado
tú	anduvieres	tú	hubieres andado
él	anduviere	él	hubiere andado
nos.	anduviéremos	nos.	hubiéremos andado
vos.	anduviereis	vos.	hubiereis andado
ellos	anduvieren	ellos	hubieren andado

MODO IMPERATIVO

anda	(tú)
ande	(usted)
andemos	(nosotros)
andad	(vosotros)
anden	(ustedes)

FORMAS NO PERSONALES

	simples	compuestas
infinitivo	andar	haber andado
participio	andado	-
gerundio	andando	habiendo andado

SABER

FORMAS PERSONALES

MODO INDICATIVO

Formas simples		Formas compuestas	
Presente		**Pretérito perfecto compuesto**	
yo	sé	yo	he sabido
tú	sabes	tú	has sabido
él	sabe	él	ha sabido
nos.	sabemos	nos.	hemos sabido
vos.	sabéis	vos.	habéis sabido
ellos	saben	ellos	han sabido
Pretérito imperfecto		**Pretérito pluscuamperfecto**	
yo	sabía	yo	había sabido
tú	sabías	tú	habías sabido
él	sabía	él	había sabido
nos.	sabíamos	nos.	habíamos sabido
vos.	sabíais	vos.	habíais sabido
ellos	sabían	ellos	habían sabido
Pretérito perfecto simple		**Pretérito anterior**	
yo	supe	yo	hube sabido
tú	supiste	tú	hubiste sabido
él	supo	él	hubo sabido
nos.	supimos	nos.	hubimos sabido
vos.	supisteis	vos.	hubisteis sabido
ellos	supieron	ellos	hubieron sabido
Futuro imperfecto		**Futuro perfecto**	
yo	sabré	yo	habré sabido
tú	sabrás	tú	habrás sabido
él	sabrá	él	habrá sabido
nos.	sabremos	nos.	habremos sabido
vos.	sabréis	vos.	habréis sabido
ellos	sabrán	ellos	habrán sabido
Condicional simple		**Condicional compuesto**	
yo	sabría	yo	habría sabido
tú	sabrías	tú	habrías sabido
él	sabría	él	habría sabido
nos.	sabríamos	nos.	habríamos sabido
vos.	sabríais	vos.	habríais sabido
ellos	sabrían	ellos	habrían sabido

MODO SUBJUNTIVO

Formas simples		Formas compuestas	
Presente		**Pretérito perfecto compuesto**	
yo	sepa	yo	haya sabido
tú	sepas	tú	hayas sabido
él	sepa	él	haya sabido
nos.	sepamos	nos.	hayamos sabido
vos.	sepáis	vos.	hayáis sabido
ellos	sepan	ellos	hayan sabido
Pretérito imperfecto		**Pretérito pluscuamperfecto**	
yo	supiera o supiese	yo	hubiera o hubiese sabido
tú	supieras o supieses	tú	hubieras o hubieses sabido
él	supiera o supiese	él	hubiera o hubiese sabido
nos.	supiéramos o supiésemos	nos.	hubiéramos o hubiésemos sabido
vos.	supierais o supieseis	vos.	hubierais o hubieseis sabido
ellos	supieran o supiesen	ellos	hubieran o hubiesen sabido
Futuro imperfecto		**Futuro perfecto**	
yo	supiere	yo	hubiere sabido
tú	supieres	tú	hubieres sabido
él	supiere	él	hubiere sabido
nos.	supiéremos	nos.	hubiéremos sabido
vos.	supiereis	vos.	hubiereis sabido
ellos	supieren	ellos	hubieren sabido

MODO IMPERATIVO

sabe	(tú)
sepa	(usted)
sepamos	(nosotros)
sabed	(vosotros)
sepan	(ustedes)

FORMAS NO PERSONALES

	simples	compuestas
infinitivo	saber	haber sabido
participio	sabido	-
gerundio	sabiendo	habiendo sabido

HACER

FORMAS PERSONALES

MODO INDICATIVO

Formas simples		Formas compuestas	
Presente		**Pretérito perfecto compuesto**	
yo	hago	yo	he hecho
tú	haces	tú	has hecho
él	hace	él	ha hecho
nos.	hacemos	nos.	hemos hecho
vos.	hacéis	vos.	habéis hecho
ellos	hacen	ellos	han hecho
Pretérito imperfecto		**Pretérito pluscuamperfecto**	
yo	hacía	yo	había hecho
tú	hacías	tú	habías hecho
él	hacía	él	había hecho
nos.	hacíamos	nos.	habíamos hecho
vos.	hacíais	vos.	habíais hecho
ellos	hacían	ellos	habían hecho
Pretérito perfecto simple		**Pretérito anterior**	
yo	hice	yo	hube hecho
tú	hiciste	tú	hubiste hecho
él	hizo	él	hubo hecho
nos.	hicimos	nos.	hubimos hecho
vos.	hicisteis	vos.	hubisteis hecho
ellos	hicieron	ellos	hubieron hecho
Futuro imperfecto		**Futuro perfecto**	
yo	haré	yo	habré hecho
tú	harás	tú	habrás hecho
él	hará	él	habrá hecho
nos.	haremos	nos.	habremos hecho
vos.	haréis	vos.	habréis hecho
ellos	harán	ellos	habrán hecho
Condicional simple		**Condicional compuesto**	
yo	haría	yo	habría hecho
tú	harías	tú	habrías hecho
él	haría	él	habría hecho
nos.	haríamos	nos.	habríamos hecho
vos.	haríais	vos.	habríais hecho
ellos	harían	ellos	habrían hecho

MODO SUBJUNTIVO

Formas simples		Formas compuestas	
Presente		**Pretérito perfecto compuesto**	
yo	haga	yo	haya hecho
tú	hagas	tú	hayas hecho
él	haga	él	haya hecho
nos.	hagamos	nos.	hayamos hecho
vos.	hagáis	vos.	hayáis hecho
ellos	hagan	ellos	hayan hecho
Pretérito imperfecto		**Pretérito pluscuamperfecto**	
yo	hiciera o hiciese	yo	hubiere o hubiese hecho
tú	hicieras o hicieses	tú	hubieres o hubieses hecho
él	hiciera o hiciese	él	hubiere o hubiese hecho
nos.	hiciéramos o hiciésemos	nos.	hubiéremos o hubiésemos hecho
vos.	hicierais o hicieseis	vos.	hubiereis o hubieseis hecho
ellos	hicieran o hiciesen	ellos	hubieren o hubiesen hecho
Futuro imperfecto		**Futuro perfecto**	
yo	hiciere	yo	hubiere hecho
tú	hicieres	tú	hubieres hecho
él	hiciere	él	hubiere hecho
nos.	hiciéremos	nos.	hubiéremos hecho
vos.	hiciereis	vos.	hubiereis hecho
ellos	hicieren	ellos	hubieren hecho

MODO IMPERATIVO

haz	(tú)
haga	(usted)
hagamos	(nosotros)
haced	(vosotros)
hagan	(ustedes)

FORMAS NO PERSONALES

	simples	compuestas
infinitivo	hacer	haber hecho
participio	hecho	-
gerundio	haciendo	habiendo hecho

IR

FORMAS PERSONALES

MODO INDICATIVO

Formas simples	Formas compuestas
Presente	**Pretérito perfecto compuesto**
yo voy	yo he ido
tú vas	tú has ido
él va	él ha ido
nos. vamos	nos. hemos ido
vos. vais	vos. habéis ido
ellos van	ellos han ido
Pretérito imperfecto	**Pretérito pluscuamperfecto**
yo iba	yo había ido
tú ibas	tú habías ido
él iba	él había ido
nos. íbamos	nos. habíamos ido
vos. ibais	vos. habíais ido
ellos iban	ellos habían ido
Pretérito perfecto simple	**Pretérito anterior**
yo fui	yo hube ido
tú fuiste	tú hubiste ido
él fue	él hubo ido
nos. fuimos	nos. hubimos ido
vos. fuisteis	vos. hubisteis ido
ellos fueron	ellos hubieron ido
Futuro imperfecto	**Futuro perfecto**
yo iré	yo habré ido
tú irás	tú habrás ido
él irá	él habrá ido
nos. iremos	nos. habremos ido
vos. iréis	vos. habréis ido
ellos irán	ellos habrán ido
Condicional simple	**Condicional compuesto**
yo iría	yo habría ido
tú irías	tú habrías ido
él iría	él habría ido
nos. iríamos	nos. habríamos ido
vos. iríais	vos. habríais ido
ellos irían	ellos habrían ido

MODO SUBJUNTIVO

Formas simples	Formas compuestas
Presente	**Pretérito perfecto compuesto**
yo vaya	yo haya ido
tú vayas	tú hayas ido
él vaya	él haya ido
nos. vayamos	nos. hayamos ido
vos. vayáis	vos. hayáis ido
ellos vayan	ellos hayan ido
Pretérito imperfecto	**Pretérito pluscuamperfecto**
yo fuera o fuese	yo hubiera o hubiese ido
tú fueras o fueses	tú hubieras o hubieses ido
él fuera o fuese	él hubiera o hubiese ido
nos. fuéramos o fuésemos	nos. hubiéramos o hubiésemos ido
vos. fuerais o fueseis	vos. hubierais o hubieseis ido
ellos fueran o fuesen	ellos hubieran o hubiesen ido
Futuro imperfecto	**Futuro perfecto**
yo fuere	yo hubiere ido
tú fueres	tú hubieres ido
él fuere	él hubiere ido
nos. fuéremos	nos. hubiéremos ido
vos. fuereis	vos. hubiereis ido
ellos fueren	ellos hubieren ido

MODO IMPERATIVO

ve	(tú)
vaya	(usted)
vayamos	(nosotros)
id	(vosotros)
vayan	(ustedes)

FORMAS NO PERSONALES

	simples	compuestas
infinitivo	ir	haber ido
participio	ido	-
gerundio	yendo	habiendo ido

Rescata a la Ortografía

1 ¿Dónde llevan la tilde estas palabras?
pajaro *arbol* *raton*

3, 4, 5

2 Di cinco palabras que lleven *h* inicial. Una de ellas debe ser un animal.

10

3 Busca tres parejas de palabras que se puedan escribir con *b* o con *v*, y que signifiquen cosas diferentes.

17

4 Inventa una oración con cada una de estas palabras: *de / dé; mi / mí.*

8

5

6 Di si estas palabras se escriben con *g* o con *j*:
sona_ero _eólogo
cru_ir co_er

18, 19

7 Construye una oración en la que utilices la palabra *haya.*

24 Di cuál es el pretérito imperfecto de subjuntivo de *querer* y de *poder.*

27

25 ¿Para qué se utilizan los paréntesis?

26

9

27 Inventa dos oraciones en las que las palabras *qué* y *quién* lleven tilde.

13, 14

28 Di el nombre de cinco animales que se escriban con *b.*

29

3

30 Busca tres palabras agudas que no lleven tilde.

5

31 *La persona que te atiende en una farmacia es el…* ¿Lleva tilde esta palabra? ¿Dónde?

20

32 Di tres palabras que empiecen con *es-* y tres que empiecen con *ex-*.

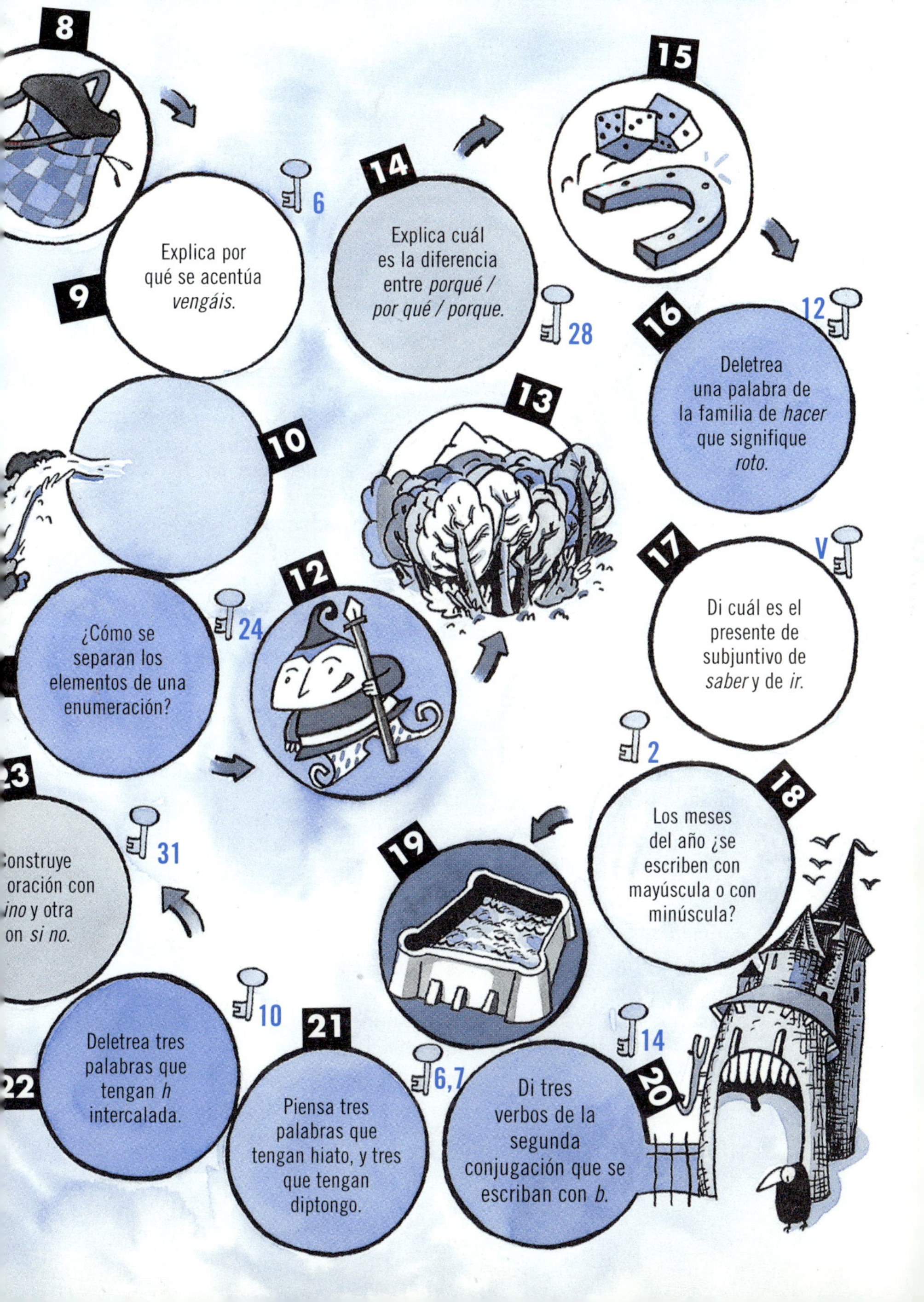
8
9
Explica por qué se acentúa *vengáis*.
6
10
11
¿Cómo se separan los elementos de una enumeración?
24
12
13
14
Explica cuál es la diferencia entre *porqué / por qué / porque*.
28
15
16
Deletrea una palabra de la familia de *hacer* que signifique *roto*.
12
17
Di cuál es el presente de subjuntivo de *saber* y de *ir*.
V
18
Los meses del año ¿se escriben con mayúscula o con minúscula?
2
19
20
Di tres verbos de la segunda conjugación que se escriban con *b*.
14
21
Piensa tres palabras que tengan hiato, y tres que tengan diptongo.
6,7
22
Deletrea tres palabras que tengan *h* intercalada.
10
23
Construye oración con *sino* y otra con *si no*.
31

INSTRUCCIONES DEL JUEGO

La bruja Agrafia ha raptado al hada Ortografía. En el cole hay un caos tremendo y todos los niños ponen faltas en sus libretas. Para salvar a la Ortografía, debes llegar hasta el castillo, superando todos los obstáculos que encuentres, y de nuevo llevarla hasta donde están los niños. ¡A ver quién lo consigue primero!

Objetivo del juego: Rescatar a la Ortografía del castillo de la bruja, y llevarla a la casilla inicial donde están los niños.
Número de participantes: Mínimo: 2.
Material: Una ficha por jugador y un dado.
¿Cómo se juega? Se colocan las fichas de los participantes en la casilla de salida. Cada jugador lanza el dado: comienza el que obtenga mayor puntuación. Se establece un turno, y cada jugador, cuando le corresponde, tira el dado y avanza tantas casillas como puntos tenga.
En el juego hay dos tipos de casillas:
- *casillas-pregunta*: en las que el jugador debe resolver la cuestión que se plantea. Si no la resuelve correctamente, se quedará el siguiente turno sin jugar. La solución a las preguntas se encuentra en la ficha o el capítulo del libro indicado en la llave.
- *casillas-icono*: el jugador debe realizar un movimiento determinado en el tablero, según las indicaciones que se dan más abajo para cada icono.

Gana el jugador que llegue el primero a la casilla número 32.
Atención: tanto para entrar en el castillo como para llegar a la meta, es necesario caer justo en la casilla correspondiente.

Significado de los iconos

 Cruza el puente. Desde la casilla 5 a la 10 o desde la 10 a la 5.

 Ya sientes hambre y, ¡horror!, descubres que has olvidado la comida. Vuelve a por ella y empieza de nuevo.

 Te ha atrapado el guardián del bosque. No te soltará hasta que caiga otro en tu lugar.

 ¡Anda, un bosque! ¿Te has perdido? Mientras encuentras el camino pierdes un turno.

 ¡Es tu día de suerte! Puedes volver a tirar.

 Has caído al foso del castillo. Salir es difícil, y te quedarás dos turnos sin jugar mientras lo consigues.

 Al hada Ortografía se le ha caído la letra *h* por el camino. Regresa hasta la casilla 22 para recuperarla.

 ¡Despistado! No has rescatado a la Ortografía. Era la bruja Agrafia disfrazada. Vuelve al castillo a por la Ortografía.